JN276950

市民の社会経済学

佐藤滋正＋佐藤俊幸＋篠田武司＋堀田　泉＋浅野　清＋佐々木政憲

八千代出版

はじめに

　かつてE. M. フォースターは、「無名ということ」という評論（1925年）の中で、「言葉には情報を与える機能とある雰囲気をつくるという2つの機能がある」と述べたことがある。『眺めのいい部屋』や『モーリス』の映画化によって日本でも有名なこのイギリスの小説家は、例えば、線路脇の金属板に書かれた「停留所」という言葉はいずれ電車がそこに停まるという意味の純粋な情報だが、これに対して、電車内の「スリにご注意」という張り紙は単に情報を伝えるだけでなく、同時に若干の雰囲気をもつくり出している、という。まわりにいる人たちの中にはひょっとしたらスリが混じっているかも知れず、また自分もそう見られているかも知れないと思うと、誰でも多少は落ち着かない気分になるものだからである。

　この指摘は、今日の情報社会では多少異なる位相から、あらためて考え直してみる必要がありそうだ。フォースターは、新聞が匿名であたかも全世界の客観的知識を伝達するかのように報道することについて危惧の念を表明していたのだが、「匿名」ということでは情報社会は、発信者と受信者のクロス・オーバーも含みつつ、明らかにさらに一段と度を深めたと思われるからである。今日の若者たちは、ネットの中を実に巧みに泳ぎ回り、検索エンジンをフルに稼働させて自分に必要な情報を瞬時に収集してくる。その際、匿名か実名かにとらわれずとにかくまずは情報を集めてくることが優先事項となり、真偽はプロセスの中で自ずと淘汰されると考えているようだ。実際、彼らにとっては、マスコミ報道の多くがヤラセであることはすでに自明事であり、瞬時に見抜いた上でそれを楽しむ余裕さえ見せている。さらにはブログのように、自分をフェイクし匿名の"虚"のコミュニケーション空間でお互いに戯れ合っていたりもするのである。

　だが重要なことは、収集された情報を蓄積し、記憶された知識をベースにして自分の言葉を再構築できるかどうかであろう。ネットが有する広範囲で

網羅的な性格は、特定の立場にとどまる視野狭窄を回避させてくれそうだ。またその柔軟で行動的な性格は、量としての情報を質的に飛躍させる多くの偶然的な出会いを用意しているようにも思える。しかし、情報を構造化する真の力（リテラシー）を養うためには、ただ毎日何時間もパソコンの前に座ってネットのシャワーを浴びているだけでは不十分だろう。どこかでネットそのものを相対化し、ネットを支える場そのものに対して発問するというアクチュアルな心の姿勢が要求されるのではないだろうか。古諺にもいうように、「知る」とは「己れ自身を知る」ことであり、それは自分と自分が置かれた「足元」をよく見ることだからである。

　例えば、電車の中に警備員が乗り込んでくれば私たちは通常は不安感を覚えるものである。ところが、「スリにご注意」という1枚の紙が貼られていれば、車内の警備員は私たちにとって安心感の拠り所になる。まさに恐怖は秩序の母であり、「スリにご注意」という言葉は車内の「雰囲気」を秩序の方向へ誘導したのである。ネット社会では顔が見えないだけに「空気を読む」ことが人々の重要な処世訓になっていると聞くが、しかしいま問われているのは、支配的な空気に我が身を合わせることでなく、"場"の創発地点そのものに目を注ぐことである。一体、誰がこの張り紙を貼ったのだろうか？魚は泳ぐ水の色は見ないといわれるが、厖大な情報量を無意識下で枠づけているこの共有情報（コンテキスト）への視線を摺り合わせていくことなしには、私たちは真に力ある言葉を発することはできないだろう。

　本書は、日本の大学で経済学を学ぶ学生を対象にして書かれたテキストである。どの章においても経済事象そのものの解説だけでなく、他国との比較や歴史的遡及を通して、政治的・社会的・文化的文脈の中から問題そのものを浮かび上がらせようとしている。それは、知識は独立したものでなくそれが立ち上げられてくる「社会」を意識することで、「市民」としての広い視野や柔軟な思考や識別眼を身につけることができると考えるからである。本書のタイトルが『市民の社会経済学』と題されている所以である。今日の経済問題にアプローチしていくために、以下では、「グローバル化」「貨幣」「労

働」「消費」「福祉」「教育」「環境」という7つの切り口を用意した。

　第1章「グローバル社会を生きる」では、グローバル化の中で進行する金融の暴走・世界の二極化・環境破壊・社会的閉塞感の増大とそれをコントロールする「グローバル・ポリティーク」の未成について、また覇権大国アメリカ「市民社会」の特質と情報社会における「個人」の可能性について、論じられている。

　第2章「地域再生支援の金融システム」では、1980年代および1990年代以降のグローバル・マネーの破壊性に対抗する貨幣のローカリゼーションの動きに着目し、オーストラリアのマレニー・クレジットユニオンやコミュニティ・バンクも紹介しながら、資金の循環と利益をコミュニティに取り戻すことによる地域の市民的再生の可能性が探られている。

　第3章「雇用と労働世界から社会を見る」では、失業の恒常化・非正規雇用の拡大・労働時間の増加といった現代の厳しい労働環境と、格差社会の中で進む相対的な貧困化と社会結束の危機に対して、スウェーデン等の経験を紹介しながら、「ワーク・ライフ・バランス」のよい「活力ある社会」の実現が構想されている。

　第4章「消費社会がいま直面していること」では、20世紀アメリカ大衆消費社会の中で典型的に成立してくる「消費者主権」の変遷を「消費」概念そのものに立ち帰って再検討し、また日本における「新たな消費問題」について、環境問題や日本的経営との関連も踏まえながら、消費者教育の重要性と消費縮減の方法を探っている。

　第5章「福祉国家の再編」では、社会保障制度（年金・健康保険）における事業主負担比率や公務員年金と厚生年金の格差・少子化対策・情報公開について、欧米諸国との比較を通じて日本の「見えない社会保障給付」の存在を析出し、社会福祉の歴史的原理にまで遡って福祉政策の方向を明らかにしようとしている。

　第6章「教育システム改革」では、日本の教育政策の歴史をたどりながら、

「ゆとり教育」との関連で「個性」「児童」についてあらためて考察し、またフランスのバカロレア試験との対比で日本の中等・高等教育の問題を提示することによって、「消費者」中心から「生産者」の復権による新しい教育のルールづくりが展望されている。

　第7章「エコ・エコノミーと環境経営」では、20世紀の環境破壊型企業経営に対して、エコノミーとエコロジーが一体となった循環型社会への転換をはかり、すでに個々の企業で取り組まれている「緑字決算」や「ゼロ・エミッション」の運動を紹介しつつ、市民社会のサポートによる環境経営実現の可能性を明らかにしている。

　ところで、考えてみれば「無名」の関係とは究極のコミュニケーションなのかも知れない。例えば偉大な文学作品は、読んでいる人間を書いていたときの著者の状態に近づけ、読者の心の中にも創作衝動を生み出す。著者は我を忘れて書き、読者は我を忘れて読む。そのとき、誰がそれを書いたかは問題にならず、名前は消える。芸術とはその意味で、すべて「無名」の状態を目指すものといってよいだろう。では、本質的に言語的なコミュニケーションであるネットもまた、無名の境地を目指すのであろうか。もしそうであるならば（そうでなくても）、私たちは、ネット上での安易な「匿名」の横行に対しては十分に慎重であってよいだろう。流れてくる情報について、その都度「名前」を要求し、真偽を確かめ、「場の空気」を問わねばなるまい。そのような原則的な社会的行動のひとつひとつの積み重ねが、互いの人権を相互に尊重し合う人間的な社会に支えられるとき、そのときあるいは、諸個人の「名前」が人々の意識から遠のく偶然の瞬間が訪れるかも知れないからである。

　　2007年2月　　　　　　　　　　　　　　　　　　　　佐　藤　滋　正

目　次

はじめに　i

第1章　グローバル社会を生きる　……………………………………1
1. グローバル化の進展　1
2. グローバル経済の陰で　7
3. 覇権大国アメリカ　13
4. グローバル市民社会の創生　18

第2章　地域再生支援の金融システム　…………………………27
1. 本章の課題　27
2. オーストラリアのグローバル化　28
3. 金融排除　34
4. 1980年代のオーストラリアにおける地域再生支援の金融システム　36
5. 1990年代以降におけるオーストラリアの地域再生支援の金融システム　40
6. 日本の金融システムと地域再生　42

第3章　雇用と労働世界から社会を見る　………………………47
1. エピソード　47
2. 雇用の現状　50
3. 労働世界や社会に与える影響　56
4. 危機への対応　63
5. 新たな課題　67

第4章　消費社会がいま直面していること　……………………73
1. 生産と消費　74
2. 消費社会の到来——20世紀アメリカ　78
3. 日本における消費問題と消費者教育　82
4. 消費社会の現在——迷走する消費と暴走する市場　85
5. 消費社会への問いかけ　90

第5章　福祉国家の再編 ……………………………………………95

1. 福祉の概念　95
2. 福祉国家の歴史　98
3. 福祉国家の類型論　101
4. 特殊モデルと普遍モデル──平等と格差　108
5. 日本における社会保障制度の再編と課題　110

第6章　教育システム改革 ……………………………………………119

1. 揺らぎの中の教育制度　119
2. 義務教育の変遷　121
3. 中等教育修了資格試験の意味　129
4. 高　等　教　育　133
5. 教育改革の見取り図　137

第7章　エコ・エコノミーと環境経営 ………………………………143

1. 環境と経済　143
2. 循環型社会への3つのシナリオ　148
3. 緑の資本主義の挑戦　151
4. 環境産業の創造　157

お わ り に　165
索　　　引　167

第 1 章

グローバル社会を生きる

1. グローバル化の進展

進むグローバル化 1992年に日本人として2人目の宇宙飛行者になった毛利衛さんは、「宇宙からは国境も見えないんですよ」と語った。グローバル化は地球を人工衛星から眺めるのに似ているかも知れない。上から見ると、国民、国家、国境、人種、規則、民族性、政治体制などはすべて曖昧となり、地球は1つのものとして現れる。だが、もう少し目を凝らしていると、それでも消失することがないものが見えてくる。

確かに世界は1つに結ばれてきた。第2次世界大戦後は、大国同士が直接対決する軍事衝突は起こっていない。世界貿易は一貫して拡大し続けており、1970年に約6000億ドルであった世界貿易額（輸出額と輸入額の合計）は、2004年には21兆ドルに達している。自由貿易協定（FTA）の件数は、1980年代までは20件前後であったが、2005年には130件を超え、2001年の中国の世界貿易機関（WTO）加盟によってさらに促進されようとしている。人的移動も活発で、航空機による移動距離は1950年以降100倍近く増加し、ワールドウォッチ研究所によると、世界の航空機保有台数は2016年までには1996年の2倍の2万3000機に達し、航空運輸量は2050年までにさらに10倍伸びると予想されている。2004年の海外旅行者数は7億6000万人、日本人旅行者数も約1700万人に達している。外国へいって1年以上そこに滞在する人の数は、現在約1億7500万人で、世界人口の3％に達しており、彼らの

中には、移住先の国と母国の両方に二重の愛国心を持つ人も増えてきている。

さらに、過去30年間になされた宇宙物理学、情報工学、電子工学分野での一連の通信技術の革新は、地球を1つにする「サイバースペース」への手段を提供し、世界のグローバル化を加速化した。通信の高速化によって企業は諸案件を遅滞なくリアルタイムで処理できるようになった。東京市場が閉じると、フランクフルト、パリ、チューリッヒ、ロンドンの市場が開き、その後はニューヨークに引き継がれる。携帯電話の加入者数は、1995年の9000万人から、2005年の17億5800万人へと20倍近く増加し、2002年時点での東アジア諸国の普及率が10％台であることを考えると（日本は62.1％）、今後さらなる増大が考えられる。機動的で周密性を持ったコミュニケーション手段は、諸個人の対人関係と世界像を劇的に変えつつある。

確かに今日、人々の世界を見る視野は広く深くなった。言語の壁は、英語の急速な普及とテレビの映像画面によって乗り越えられつつある。オフィスに複数の外国の人々がいる光景も映画だけのものではなくなった。近所を散歩すれば、どんな小都市でも外国人居住者に出会う。また気候変動等の環境問題への危機意識は、「たった1つの地球」という一体感をますます強めている。かつて1960年代にK.ボールディングは"宇宙船地球号"という言葉を広めたが、今日ほど私たちに世界が1つの共同体であることを実感させている時代はないだろう。昔の日本人が「江戸」や「浪速」や「博多」に住み、20世紀の人々が「日本」や「フランス」や「アメリカ」に住んでいたように、50年後の人々は「地球」に住んでいるというのかも知れない。

「グローバル化」という言葉について　　「グローバル化」（グローバリゼーション）という言葉は、しばしば1980年代のM.サッチャーとR.レーガンに結びつけて語られることが多い。彼らは経済から国家を排除し、市場メカニズムの動きに任せるプログラムを導入したが、これによって国際金融市場の発達は加速し、グローバル経済は大きく拡大した。もちろんそれ以前にも、資本の国際移動は徐々に展開していた。1956年の欧州共同市場の設立をき

っかけに証券の国際取引が自由化され、アメリカの投資家が欧州株を買い始めた。しかし、当時の欧州企業の会計や決済の仕組みはまだ未整備で、例えば1963年にケネディ大統領が外国株式の購買に"利子平衡税"を課そうとしたように、投資家は概してビジネスの本道から弾き出された存在だった。

グローバル資本主義の本格的な幕開けは、1970年代に訪れた。発端は原油価格の引き上げだった。石油輸出国はにわかに巨額の黒字を計上し始め、欧米諸国はオイルダラーの還流を望み、規制が非常に少ないオフショア市場を発明し、ユーロダラーを創出した。各国政府は国際金融資本を国内に呼び戻すために競って税制その他の優遇措置を取り始め、オフショア資本が巧みに動き回る余地を拡大した。この一大国際融資ブームは1982年の暴落で終わったが、その頃には金融資本の移動の自由はしっかりと確立されていた。サッチャーとレーガンは、市場原理主義を掲げこの傾向を加速させたのである。

とはいえ、「グローバル化」という言葉は、その最初に使われた時期は1960年代にまで遡ることができる。この言葉は、カナダのメディア批評家M.マクルーハンとカーター大統領の国家安全保障問題担当大統領補佐官Z.ブレジンスキーによって広められた英語である。マクルーハンは、テレビで直接報道された初めての戦争であるベトナム戦争から教訓を引き出し、テレビ映像の遍在性と事実としての動かしがたさは武装対決を困難にし、工業化されていない国々を発展へと導き、「グローバル・ヴィレッジ」をつくるだろう、と考えた。他方「共産主義問題」の専門家ブレジンスキーは、電子革命の到来を、超大国アメリカが「史上初のグローバルな社会」になる基盤と見て、「イデオロギーの終焉」というテーゼを打ち出した。マクルーハンの『メディア論』の冒頭を読むと、テレビがついている部屋でベッドに寝転がって遊んでいた少女と猫にいきなり鼠が跳びかかった、という「ニューヨーク・タイムズ」の小さな新聞記事の紹介から始まっている。テレビが持つメッセージ性に「何かが根本的に変わりつつあるのかも知れない」という記者のコメントを、マクルーハンは肯定的に引用している。「グローバル化」という言

葉は、来るべき情報社会への予感の文脈で語られた言葉でもあったのである。

　グローバル・エコノミーの暴走　1960年代の予感は、グローバル資本主義の進展とともにますます現実味を帯びてきた。1960年代の若者は親の世代の因襲に反抗し、彼らの対抗文化は、間が抜けて見える市場を常にチェックして保守主義の社会構造を突き崩そうとした。しかしそのエネルギーは、巨大な経済成長の波に飲み込まれていった。1960年から2000年にかけて、地球上の富は6倍になった。ニューヨーク市場で記録された価値は1000%上昇したのである。1990年前後の社会主義体制の崩壊は、市場の新たな世界的展開への期待を高め、その後10年も経たないうちに世界は2倍の総生産高、3倍の貿易量を記録し、エネルギー消費は平均して4年ごとに倍増していった。とりわけ資本移動の自由化には目を瞠るものがある。1990年と2000年を較べてみると、対内直接投資は1600億ドルから1兆5000億ドルへ、対外直接投資は2000億ドルから1兆4000億ドルへと激増した。資本移動のない状態で貿易を促進することを目的として設立された第2次大戦後のブレトンウッズ体制は、完全に過去のものとなったのである。

　資本移動の拡大は、それと並行して国際金融市場のとてつもない規模と影響力を形成していった。1970年代の産油国に代わって、アメリカの経常収支赤字がユーロダラーの主要な供給源になっていった。支払い能力を超えてアメリカが使用し続けるドルの一部は、外国銀行の口座に蓄積され、カリブ海や地中海のタックス・ヘイヴンとして知られる島々で"ロンダリング"されて金融市場に現れてくる。オフショア・センターでは、口座情報はいかなる国家に対しても秘密厳守にされ、したがって各国政府はもとよりアメリカ連邦準備制度理事会（FRB）でさえ、これを規制の対象とすることがほとんどできない。

　こうして政治的規制を脱した貨幣が、グローバル市場で自由に動き回ることになる。マネーは財やサービスとは本質的に異なり、回転することに自己増殖の可能性を胚胎させた価値である。為替相場で動く資金の多くは、数時

間か数日、長くても数週間というきわめて短いサイクルで投資され、オプション取引、株式投機、金利取引へと転々と姿態を変えていく。デリバティブは株式市場全体の指数の変動に賭けるものであるが、世界中の生産的固定資本の総額20兆ドル前後に対して1997年末の取引所取引は12兆ドルにのぼった。国際決済銀行（BIS）の発表によると、通貨交換市場の規模は1998年には1日あたり1兆5000億ドル近くに達した。世界の貿易市場が365日かけて動かす約8兆ドルを、たった5日間の取引で動かしたわけである。

グローバル・マネーの過熱化は、時に暴発した。1997年夏のアジアの金融危機は記憶に新しい。東アジア各国の政府は積極的に介入に乗り出したが、マネーは諸国間の規制の間を巧みにすり抜けていき、タイを皮切りにまたたく間にインドネシア、マレーシア、韓国へと波及し、200億ドルにものぼる資本流出、通貨価値と株価の暴落、生産部門の大幅な縮小による深刻な不況と雇用縮小をもたらした。危機はさらに、1998年にはロシアのルーブル、1999年にはブラジルのレアルを襲い、2002年にはアルゼンチン、ブラジル、ウルグアイ、パラグアイの間を経済的な暗雲が行き来していた。金融市場は経済理論が想定するように振り子のようには動かず、巨大な鉄球となって国々を打ちのめしていったのである。

グローバル・ポリティークの未成　国家主権を越えたグローバル・マネーの暴走は、これをコントロールするグローバル・ポリティークの必要性を痛感させた。冷戦時代の"社会主義との対決"という枠組みのためにかすんで見えなくなっていた国際的調整組織（世界政府）の問題が、いまやはっきりした形で私たちに迫ってきたのである。原理的に考えても、経済は政治なしには存在し得ぬものである。企業は政府の規制が厳しいことにしばしば不平を洩らすが、しかし市場が効率よく機能するためには、少なくとも次の諸条件が国家によって外側から与えられていなければならないだろう。すなわち、①軍隊・司法・道路・教育といった公共財の提供、②価格の継続的な監視による公正な市場競争の確保、③環境的・社会的な限界に配慮した持続

的発展へのリード、である。これらの制度的条件が満たされて初めて、市場は社会的に最適な結果を生み出すことができる。経済システムが有効なのは、天然資源や社会資本や倫理構造を守るメカニズムが社会に備わっている場合だけだからである。政府の規制をまったく受けない市場は、空虚な抽象にすぎない。

　国境を越えた集団的利益が存在する限り、国家主権は国際法と国際機関に一定従属させるべきではないか。ところが今日、グローバル・ポリティークに応える十分な力量を持った国際機関は存在しない。例えば国連は、なるほど1990年代以降の地域紛争や内戦の解決に向けて積極的なリーダーシップを発揮していることは注目される。国連平和維持活動（PKO）は、1946〜1989年にはわずか19回であったが1990〜1999年には39回を数え、しかもその活動は停戦監視や紛争終結にとどまらず長期的な国家建設に関わる場合も増えてきている。「安保理のタイタン化」「パックス・ユナイテッド・ネーションズ（国連による平和）」と揶揄されつつも、国連は着実に力をつけてきており、だから湾岸戦争の際にアメリカのブッシュ（父）大統領も4カ月間に12本もの安保理決議を積み重ね国際世論の支持を得ようとしたのであった。とはいえ、やはり国連は国家の連合（United Nations）の枠内にある。国連の指導者は市民の直接選挙で選ばれるわけでなく、主権は依然として各国の国家主権のうちに留保されている。国連は政府間交渉によって決められたグローバルな法律と規制を解釈することはできても、独立して新しい法律をつくる権限を持たない。だからイラク戦争の際に、ブッシュ（子）大統領が多国籍軍を組織して戦争に突入していくことも起こり得るわけである。そもそも年間予算が20億ドルそこそこで日本の在日米軍駐留経費負担額20数億ドルにも満たない国連に、一体何ができるというのか。だがしかし、グローバル・ポリティークに空いた穴がグローバル・マネーの抜け穴となって、グローバル・エコノミーの過熱を生み弊害を拡大しているのも現実なのである。

2. グローバル経済の陰で

二極化する世界　グローバル経済の進展は、明らかに富の分配の不平等を拡大させた。1992年の国連開発計画によれば、もっとも富んだ国に住む20%の人々が世界総所得の82.7%を独占し、もっとも貧しい国に住む20%の人々は世界所得の1.4%を占めるだけであり、両者の平均所得の格差は1950年には30対1であったが1989年にはこの差は2倍に拡大し、個人ベースでの上位20%と下位20%の平均所得格差は実に150対1になっている。その後も、富裕国と貧困国の格差は拡大傾向にある。「後発発展途上国（LDC）」とは、年間所得700ドル未満で人口7500万人未満の国を指し1971年に導入されたカテゴリーであるが、2002年には27カ国から49カ国に増え、6億4000万人もの人々が、1990年以降の国内総生産（GDP）成長率1%以下、世界収入の1%、世界貿易の0.5%未満、対外債務がGDPの124%、平均寿命40年以下、という生活をしている。国連のアナン前事務総長が2005年3月の演説で、「現在なお10億人以上の人々が1日1ドル未満で生活し、慢性的な飢餓・疾病・劣悪な環境の下に置かれている」といって支援を訴えたことは記憶に新しい。

　貧困は、政治的混乱と難民を生み出す。国連の難民統計によれば、国際難民に分類される人は1960年に140万人だったが、1970年には250万人、1980年には820万人、1992年には1820万人、そして2003年には1710万人が援助対象者としての難民に分類されている。1994年のルワンダの内戦の際には、100万人以上の人々がわずか48時間のうちにザイールに流出し、難民の数は210万人に達したといわれる。また、2003年のスーダン内戦では約18万人が死亡し200万人が家を失ったと報告されている。経済移民もまた増加している。表I-1は、2003年の各国の外国人労働者数である。アメリカが2000万人を超えて断然トップだが、労働力人口比ではオーストラリアとカナダも高く、ヨーロッパではドイツが10%近く、イギリスとフランス

表Ⅰ-1　主要国の外国人労働者（2003年）

（単位：1,000人、％）

	外国人労働者数	労働力人口比	専門的・技術的労働者入国者数
アメリカ	21,564	14.8	195.2
ドイツ	3,562	9.0	43.8
カナダ	3,151	19.9	82.1
オーストラリア	2,447	24.6	47.4
イギリス	1,513	5.1	88.6
フランス	1,361	5.2	9.8
イタリア	841	3.8	n.a.
ニュージーランド	372	19.9	41.8
日本	180	0.3	20.0
韓国	137	0.6	40.5

出所）ジェトロ編『ジェトロ貿易投資白書〔2005年版〕』より。

が5％前後であり、日本はいまのところまだ0.3％にとどまっている。かつて移民は、第1次大戦前の40年間にヨーロッパの労働力を8分の1減少させ新大陸の労働力を3分の1増加させたが、今日の交通手段と経済格差を考えると、今後30年位の間にそれに匹敵するオーダーでの労働移動が生じることは十分に予想される。そして、合法的移民として国外で働く労働者2500～3000万人の周囲には、夥しい数の不法入国移民がいる。その数は2000～4000万人にのぼると推定されるが、実数は分からない。富裕国の政府は入国を厳しく規制し、国境では監視塔、有刺鉄線、障害物、マシンガンを構えた警備隊が監視している。2001年にはアメリカとメキシコを隔てる3200kmにわたる国境線で491人が死んでいる。また同じく2001年には、ニジェール、ガーナ、ナイジェリア、カメルーン、コートジボワールからリビア、アルジェリアに向かう砂漠で141体の遺体が発見された。80ユーロを斡旋業者に支払い100人もの難民を乗せて「大聖堂」のようになったトラックが、4日間かけての砂漠縦断中に、周辺300km以内に人っ子一人いないサハラ砂漠のシロアリの塔にはまり込んで身動きできなくなったのである。

　確かにグローバル化は、世界を一体化したというよりも分断化したといわ

れ得る側面を有している。今日、世界で一番の資産家15人の所有資産額は南アフリカを除くアフリカの亜サハラ地域すべての国々のGDPを凌駕し、世界でもっとも豊かな225人の個人資産の合計1兆ドルはもっとも貧しい人々25億人の年間総収入に相当する。驚くべき世界の二極化である。

地球環境破壊　グローバル経済の陰で生じている問題の第2は、地球規模での環境破壊である。今日人間は、地上の生物学的な純総生産の45%を消費し、再生可能な真水の半分以上を使用しているといわれる。人間の生産活動は自然の物質代謝過程の一部にすぎず、何らかの"成長の限界"が自覚されておらねばならぬことは今さらいうまでもなかろう。しかし、1961年の人類の資源需要は地球の再生能力の70%程度だったが、1990年代の終わりには地球の能力を20%ほど上回ってしまった（全米科学者協会）。森林は生物多様性の保存、二酸化炭素（CO_2）の吸収源の役割をはたすと考えられるが、国連食糧農業機関（FAO）によれば、1950年から1990年までに原始林は3億5000万ha以上減少し、1990年から1995年にはわずか5年間で5630万ha、フランスの国土面積以上が消滅した。国際自然保護連合（IUCN）の「レッドデータブック」によると、哺乳類の25%、鳥類の11%、爬虫類の20%、両生類の25%、魚類の34%、維管束植物の12.5%が種として絶滅のおそれがあると指摘されている。今日、大気・水・土壌・廃棄物・化学物質・野生生物種という地球環境に及ぼす生産活動の影響評価とその国境を越えた適切な管理の課題は、ますます重要性を高めているといえるだろう。

とりわけ地球温暖化の問題は、その主原因と考えられるCO_2排出量規制とともに、国際的協力によるグローバルな規制の焦点となっている。気象庁によると、過去100年間の長期傾向では地球表面の平均温度は約0.6℃上昇しており、気温の上昇による海水の膨張・極地および高山地の氷の融解は、10〜25cmの海面上昇を地球規模で招いた。氷河の衰退傾向やアラスカの永久凍土の縮小は、観測データでも明らかになっている。気候変動に関する政府間パネル（IPCC）による2100年の予測では、CO_2排出量が1990年の3倍

弱（大気中濃度は2倍）になる中位のシナリオの場合、地球全体の平均気温は1990年と比較して2℃上昇し、海面水位は約50cm上昇する。国土の水没による大量の環境難民の発生と、気象への不測の作用による突発的で異常な災害が懸念されている。こうして1997年の気候変動枠組条約第3回締約国会議（COP3）において、10年間にわたる困難な交渉を経て、10年から15年の間に温室効果ガスの排出5％削減に合意する「京都議定書」が採択された。アメリカは、途上国に対する排出削減の要求がごくわずかであることを理由に2001年には締結を完全に拒絶し、オーストラリアがこれに続いた。しかし2005年2月、ロシアの締結によって充足数が満たされ議定書は発効した。

　この一連の経緯を見ると、地球環境のような人類共通の課題についてもいかにグローバルな政策規制が困難かという現状が分かる。図Ⅰ-1は、2003年の国別CO_2排出量である。アメリカと中国で世界の排出量252億tの4割近くを占め、日本はロシアに続いて第4位である。他方、1人あたりで見た排出量はアメリカ、ブルネイ、オーストラリア、カナダが高く、日本は韓国・イギリス等と肩を並べ、中国は日本の3分の1以下、アメリカの6分の1程度にとどまっている。確かに、夜の飛行機の窓外に見えるアメリカの諸都市の異様な明るさは人を驚かす。地球の友アメリカ支部によれば、地球温暖化に配慮したCO_2の総排出量を全地球人口で平均化すれば2010年までに1人が使える炭素系燃料は4t、1日では1ℓになるという。もしこの規準が適用されるならば、アメリカは20分の1、日本は9分の1にまで使用量を減らさなければならず、これは直ちに今日の消費生活と世界経済の勢力図の激変を意味する。急激に経済成長しつつある中国における13億人の今後のエネルギー消費量を予測すると、アメリカの理由づけも理解できないわけではない。しかし、多くの人々が地球環境の絶対的な限界を実感を持って意識しているとき、国別規制の仕切りを盾にして諸個人レベルでの消費行動の既得権を主張することは、歴史の長い目で見れば錯誤という他ないだろう。

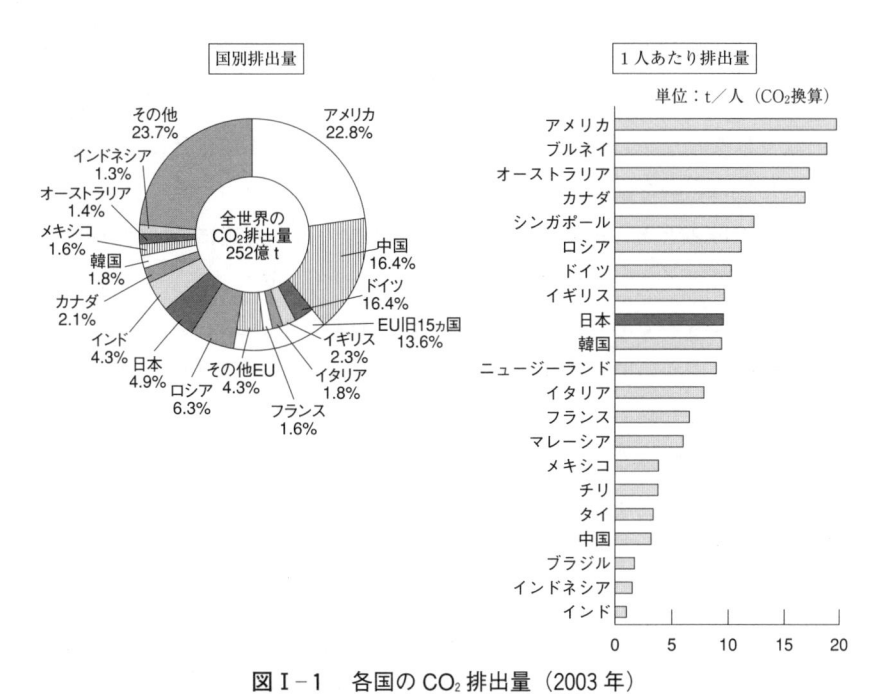

図Ⅰ-1　各国の CO_2 排出量（2003年）
出所）『環境白書〔平成18年版〕』より。

富裕国の社会的閉塞感　グローバル経済は、富裕国の内部にも二極化を生じている。アメリカでは1981年から1997年にかけて、上位5％層の世帯所得は14.4％から20.7％へと急激に増大したのに対して、中位世帯の所得は伸び悩み、下位世帯の所得も1973年の5.5％から1996年の4.2％へと比率を落とし、貧富の格差は大恐慌当時の水準にまで悪化したといわれている。同様に日本でも、例えば世帯所得が平均の50％以下の貧困層が1984年7.3％、1989年7.5％、1994年8.1％と遽増している。多くの研究書が指摘するように、1990年代以降この貧富の格差はさらに拡大しつつあり、富裕諸国は明らかに、中間部分がくびれて細くなった"砂時計型社会"に向かっていることが観察される。

注目したいのは、このような二極化を引き起こすグローバル化の中で、社会的な閉塞感が増大していることである。グローバル経済が促迫する"競争"

原理は、必然的に少数の"勝ち組"と多数の"負け組"を生み出す。人々は成功者になろうとして、あるいは失敗者になるまいとして、驚異的な努力を払うようになった。1960年代の人々の多くは、2000年頃には週に30時間ほど働いて後は余暇を楽しむ時代が訪れるだろうと考えていた。ところが2000年になってみるとどうやら予想に反して、半数の人々が週に60時間働き後の半数は失業者、という時代になってしまったようなのである。元来勝ち負けは相対的なものであり、1つ上に較べれば敗者だが下と較べれば勝者であるという程度のものであるはずだ。しかしアダム・スミスがいったように、大抵の人は自分自身の才能については自惚れを持っているものだから、とかく「こんなはずではない」という敗北感に囚われがちになる。こうして世の中には多数の主観的な"敗者"が生まれ、社会的な欲求不満が増大してくる。以前であれば、家族とか職場とか地域社会とかがこうした心的ストレスをある程度吸収してくれたが、グローバル経済の大競争の下で、これら長期にわたって信頼関係を醸成する諸組織は縮小・解体されてしまった。ここ10数年に富裕国で顕著に認められる、犯罪の凶暴化・低年齢化、麻薬の浸透、家庭内暴力、カルト、鬱症状、中高年の自殺といった現象は、ある程度この社会的セーフティ・ネットの消滅から説明できるだろう。

　人々はグローバル経済の下で、流動性を建前とする息詰まるような価値体系の図式の下に組み敷かれてしまったのである。だが、大多数の人々は、人間の価値を決定するものは経済活動とお金だけでないこともよく知っている。多くの人々が、例えば、スポーツ、音楽、家族、職場、地域での活動等、好きなこと、得意なことに自分の居場所とリアルな歓びを見つけて生きようとしている。彼らはまた、自由な競争は印象でしかなく、自分を社会の歯車の1つへと名指す「名目的」な力が実在することも直感的によく分かっている。こうして、さしあたりはグローバル経済によって仕立て上げられた価値体系を遵守し"自由な個人"を演じつつも、しかしそれが忠誠と奉仕を装った表面的な協力でしかないことを十分に自覚した"大人"たちが大量に輩出されてくる。最近、大人びた物言いをする小学生が何と増えたことであろうか。

そのことは私たちに、"親は子の鏡"という古い諺をほろ苦い思いで噛みしめさせるのである。

　R. カイヨワは『遊びと人間』の中で、「遊び」を「競技」「賭け」「模倣」「めまい」の4つに分類している。一般に、人間が一番生き生きしているのは遊んでいるときだろう。なるほど「競技」は楽しい。鍛えられたアスリートは、単に見るだけでも私たちを感動させる。しかし遊びは、そして人生は、一定のルールの上でおこなわれる競争的な要素だけに限られるものではないだろう。グローバル経済が突出的に推進する「競技」的な社会にあって、私たちはもう一度人生が、「賭け」の不確定性、「模倣」や演技を通じての他者との交歓、幻惑的で冒険的な「めまい」に満ちたものでもあることを、想起してよいのではないだろうか。

3.　覇権大国アメリカ

圧倒的な軍事力　　グローバル化は、もちろんアメリカ化ではない。アメリカ経済のコピーでさえもない。しかし世界政府が存在しない現在、グローバル経済が国際機関と覇権大国という2つのシステムによって規制されており、アメリカが覇権大国として諸国に世界のルールを守るように強制していることは事実である。アメリカ以外にアメリカに対してこの任務をはたせる国はないだろう。こうしてアメリカは、いわば望まざる覇権国として国際機関に介入し世界秩序の維持に努めている。しかし同時にまた、国内のロビー活動に押されてしばしば自国利益を優先させるために、諸外国の反発を招いてもいる。

　いうまでもなく覇権大国としてのアメリカの実力は、その厖大な経済力に支えられた突出した軍事力にある。2000年のアメリカの国防費2878億ドルは、第2位の日本（445億ドル）から第23位のシンガポール（42億ドル）までを合計した額に匹敵していたし、2003年には軍事費支出は4000億ドルを超えて世界の40％に達した。今日アメリカ軍は、ヨーロッパに10万人、アジ

ア・太平洋に8万人、イラクに21万人、アフガニスタンに2万人と世界各国に配置されており、日本・韓国からディエゴガルシア・サウジアラビアを経てポルトガル・アイスランドに至る軍事基地の連鎖からは、世界中のどこにでも1個旅団を96時間以内に展開させることができる。

　装置の高性能も特筆すべきである。IT技術を駆使した情報の収集・分析能力の強化と、解像度10～15cm単位になったといわれる1993年に完成した人工衛星を利用した全地球位置把握システム（GPS）による偵察能力の向上は、「考えるミサイル」トマホークや「スマート爆弾」を生み出し、兵器の精密化・破壊力の増大と小型化による機動力の改善をもたらした。ステルス技術は米欧間に20年の差があるといわれ、ピンポイント爆撃の命中率95％は、斧が手術用メスに進化したと喩えられた。湾岸戦争では、約6カ月間にアメリカ軍兵士の死者266人に対してイラク軍兵士や民間人の死者は推定10万5000～13万5000人で、アメリカ軍の装備の圧倒的な質的優位性を見せつけた。2003年3月に開戦したイラク戦争も、わずか1カ月余りでバグダッドはあっけなく陥落してしまった。

　批判されるアメリカ　　確かに今日のアメリカは抜群の軍事力と経済力を持ち、戦略的な融資による利権確保や国際的な利益還流の仕組みも備え、文化的な浸透力も相当に高いという意味で、「帝国」とでも呼ぶ他ないほどの権力集中を実現している。クリントン政権時代の国防次官補J. ナイは、アメリカはマネー（経済力）・ミリタリー（軍事力）・メディア（情報力）という「3つのM」を武器に世界を指導していると語った。しかし今日、1950年代の"黄金の時代"や、ケネディが"ニュー・フロンティア"を掲げて登場した1960年代と較べると、いささか状況は変わりつつあるようだ。

　かつてのアメリカは、19世紀のイギリスとともに「公共財を提供する利他的な覇権国」であるといわれたものだが、今日のアメリカは、あまりにも自国企業の利益擁護に汲々としているように見える。他国の農業保護は批判するが、政府による融資保証と収穫保険で手厚く保護されているアメリカ農

業が顧みられることはない。狂牛病検査のアメリカ規準を国際規準として押し通し、日本政府に牛肉輸入を強要し再開させる。"国連型多国間主義"からは常に距離を置き、国際司法裁判所や国際刑事裁判所の設立、対人地雷禁止条約等、アメリカの主権が縛られる可能性のある国際組織や協定にはことごとく反対する。1985年以来の国連分担金の累積滞納額は、2000年にはついに10億ドルの大台に乗った。とりわけ2001年のブッシュ政権成立後は、京都議定書からの一方的離脱を皮切りに、OECDのタックス・ヘイヴン廃止協定への調印の拒否、生物兵器査察システムの拒否、弾道弾迎撃ミサイル（ABM）制限条約からの脱退宣言等々、この傾向に一層拍車がかかったように見える。

　しかし、変わったのはアメリカ自体というよりも、恐らくアメリカを見る国際社会の目であろう。確かにアメリカの軍事力は強大だが、はたして絶対的なものだろうか。アメリカ軍の総兵力140万人は、中国の225万人、EU主要国の120万人、インドと北朝鮮の110万人、ロシアの100万人と較べて数的に決して大きいわけではない。今後、自律性を強めるEU圏、安定化に伴うロシアの比重の再回復、そして特に国防費が1988年から18年連続で10％以上の伸びを示している中国の勢いを考えると、確実に世界の軍事バランスの変動が予想される。もちろん、軍事技術面でのアメリカの優位は当分動かないだろう。しかしそれさえも、例えばF-22は1機2億ドル、パイロットの養成費100万ドル以上、1回の飛行ごとに交換を迫られる部品30万ドル等、ハイテク化はハイコスト化でもあることを念頭に置くならば、イラク戦争で膨張した国防予算が再び収縮に向かうとき、アメリカが占めてきた突出的地位の安泰は考えにくい。冷戦体制が終結して社会主義という絶対的な障壁が崩れたとき、壁に立ちはだかっていたアメリカも、実は国際社会の相対的な一部分でしかないという単純な事実が表面化してきたのである。

　アメリカに対するこのような視線の変化は、当然、アメリカの経済社会の内側にも延びていくだろう。よく知られているように、アメリカは国民の貯蓄率が極端に低い一大消費国・輸入大国である。すなわち、経常収支の赤字

は1982年以来連続20年以上にも及び（1991年を除く）、2004年には6500億ドルでGDPの5.7％、輸入が輸出の2.4倍にも達した。これをカバーするためには、GDPが20％以上収縮するか、ドルが短期的に40％、長期的には25％下落しなければならない、と指摘する経済学者もいる。そのダメージを考えると、世界経済はまさに薄氷の上を滑る感がある。他方、平均的なアメリカ家庭の貯蓄率は、1975年の13％をピークとして、1992年9％、2001年には1％以下にまで落ち込み、家計資産の38％、年金基金の56％が株式に投資され、可処分所得に対する世帯負債額は89％から117％に上昇した。借金をしてもなお輸入し消費し続けることが可能なのは、アメリカが国際取引で問題なく受け取られる"強いドル"の発行国だからである。しかしこのようなアンバランスなアメリカ経済が、今後いつまで国際的な資金循環の中核に位置し続けられるかは分からない。J. M. ケインズもいったように、貨幣市場は「いつまでも長続きしそうだと人々が考えれば続く」ものであり、逆もまた真だからである。

アメリカの市民社会　　アメリカへの視線の変化は、文化面でも生じている。確かに「アメリカ文化」と呼ばれるものが、かつて世界を席巻していた。アメリカン・ポップスやロックやジーンズは若者を魅了し、ハンバーガーやコーラは軽快さと爽やかさの代名詞であった。ディズニー・ランドやラスベガスは底抜けに楽しい憧れの空間だった。アメリカ英語は世界の事実上の共通語であり、CNNニュースは国際報道を独占しかねない勢いであった。大リーグの優勝戦を「ワールドシリーズ」と呼ぶことに誰も何の違和感も抱かなかった。しかし今日、とりわけ1990年代以降、明らかに変化が認められる。日本のテレビ番組からアメリカ製のドラマが徐々に消えつつある。ここ数年の韓流ブームもあって、日本においてさえハリウッド映画は苦戦を強いられている。CDショップでは、J−ポップ・コーナーが拡張され洋楽コーナーは縮小している。マクドナルドは創業以来初めて四半期ベースでの減益を出し、2002年末にアメリカと日本で200以上の店舗を閉鎖すると発表した。

これらの現象は、単にアメリカ文化の退潮にとどまらず、それを支えるアメリカ型市民社会の危機としても捉えられるのではないか。
　周知のように、アメリカは"多人種国家"である。民族・宗教・文化等を異にする"サラダ・ボウル"状態の下では、肌の色や出自に一々頓着していたら生活などできないだろう。こうして一人一人のアメリカ人のレベルでは、はっきり自己主張し実力次第でチャンスを捕える徹底的な個人主義と市民的倫理が生成してくる。他方、国家のレベルでは、異質性を統合するいわば"超社会的"な原理が模索されねばならない。さもなければ国家は、"リトル・イタリー"や"中華人街"といった部分的な特殊集団の単なるモザイクになってしまうだろうからである。とはいえアメリカは、西欧社会が同質性の中から駆け引きや妥協を通して数百年かけて醸成してきた「個人」を持たない。A．トクヴィルが看取したように、アメリカは異質な諸個人をいきなり前提することから出発したのであり、政治的な背景を持たない諸個人が連帯に向かって社会形成していくまさに壮大な実験場だったのである。西欧的な政治的同質性の欠如は、経済的原理によって埋められた。「貨幣」は、諸個人の差異をさしあたり量的に換算することによって社会を結合させる簡便なメディアであり、結果がすべてであらゆる言い訳を嫌うその透明性は、ルーツと価値観を異にする諸個人の絶妙な結合手段となった。移民たちは、お互いズケズケものをいい合いながらも、「売れる」ことを共通の規準として社会統合を進めていったのである。こうして、徹底的な個人主義の下での市民的良心の生育と超社会的な国家性の並存という、アメリカ型の独特な市民社会が成立してきた。そしてアメリカ文化もまた、このような経済的な社会統合原理を色濃く反映することとなった。
　なるほどあらためて考えてみると、アメリカ文化とは国民の固有の価値を伝える文化というよりも、売るモノを提供しようとする「ビジネス文化」である。異質なものをひとまずすべて飲み込んで新しい形式に変形し、グローバル市場をターゲットとしてより大きな利益を目指して輸出する、コンテンツにこだわらないこと（無内容）を本質とするコスモポリタン文化である。

それはディズニー・キャラクターのあの有名な黒い鼻のマウスにどこか似て、無意味に明るく無個性だが、しかしまた自分の顔に対しては1割近くの版権料を徴収するしっかり者でもある。こうして、アイリッシュ・ダンスの硬さは軽快なタップのリズムに、オペラの重厚さはミュージカルの気楽さに、ミシシッピ河沿いの田舎町のブルースはシカゴのスイング・ジャズに仕立て上げられ、軽く口あたりのよい「アメリカ文化」として売り出された。だが、文化とはそもそも精神性を伴うその民族の歴史を背負ったものであり、貨幣的擬制のみによって覆い尽くすことはできないものだろう。ビジネス的な表層には、深層の土着性がいつも顔を覗かせる。今日のアメリカ文化不振の現象は、表層と深層のこの微妙なバランスがどこかで失われていることの表れではないだろうか。

　同様のことは、市民的良心と超絶的国家の並存というアメリカ型の市民社会に対してもいえるだろう。2001年9月に炎上・倒壊したワールドトレード・センターの「グラウンド・ゼロ」と呼ばれる跡地のすぐ近くに、セント・ポール教会がある。明るく照らし出された堂内は、夥しい思い出の品々で埋め尽くされ、周囲の柵には花束と手紙が絶えない。ビル再建の槌音が聞こえる中で、そこだけが今日でも死者を悼む祈りと交流の場になっている。「テロとの闘い」に屹立する国家理性の片隅で密やかに息づく市民社会。それは日本人にとっても無縁の光景ではあるまい。私たちはアメリカ離れの現象について、もう一度それを、市民社会における個人と国家の連関という原点に立ち返って検証してみる必要があるだろう。

4.　グローバル市民社会の創生

新しい地球規模の市民社会　　グローバル経済に対する反発が強まっている。それは、アメリカ主導のグローバル化を批判するものであったり、市場原理主義に対して「もう沢山だ」というものだったり、地球環境破壊に対して新たな地域経済の再生を模索するものだったりと、実に多様な展開を見せ

ている。1999年11月のシアトルで開催されたWTO閣僚会議に対抗して、初の大規模な集会がおこなわれた。2001年のジェノヴァでのG8サミット反対のデモンストレーションには、20万人の参加者、82カ国から800以上の様々な民衆運動・労働組合・NGOの代表が集まった。2002年1月31日から2月5日のブラジル南部のポルト・アレグレの第2回世界社会フォーラムには、五大陸から88カ国の2000を超える社会運動・労働組合・NPOが代表を送り、6万人を超える人々が700を超えるワーク・ショップ、100以上のセミナーに参加し、街の至るところでパレードが開催された。日本では、警官隊と集会参加者の小競り合いのみを強調した報道がおこなわれていたが、その雰囲気は、例えばモントリオールのジャズ・フェスティバルやリオのカーニバルを想像した方がより近いだろう。

　確かに今日、多くの人々がノーといい始めている。少し前までは、世界には「どうしようもないではないか」という空気が満ちていた。世界がアメリカ一極集中の下での市場原理主義によって染め上げられ、その下で巨大な利益が特定方向に動いていることは誰もが知っていた。この大きなトレンドは変えようがなく、せいぜい時々発覚する政治的経済的な不正や不祥事に対して怒りを表明し鬱憤を晴らすのが関の山であった。当たり前のことだが、市場では商業の言葉のみが話される。企業はできるだけ短時間に最大限の利益を追求することが目的で、公開論争や新聞に知識人や論説委員を動員して自分たちの活動を世間に納得させようとすることはあるが、その基本は隠密行動、秘密保持、回答拒否、そして沈黙である。他方、市民には、もちろん意見発表の自由は許されている。昔のように政治的批判が拷問や死を招くことはほとんどない。しかし、一度政治的言葉を語ると、自分はこの大義にコミットしたのだからその言葉に背かない言動の首尾一貫性が必要だという無言のプレッシャーがのしかかる。"大政治"によるリフレーミング（枠づけ）である。こうして、世界の圧倒的なトーンは"沈黙"となる。N. チョムスキーは、20世紀と21世紀の全体主義権力が相次いで取った三形態として、ボルシェビズム、ナチズム、TINA（There is no alternative）を挙げている。

今日の、多方面で展開されているNPOの運動は、この硬直化した沈黙の状況を溶解させ、諸個人に再び政治の言葉を取り戻させつつあるように見える。アムネスティ・インターナショナル、グリーンピース、ヒューマン・ライツ・ウォッチ、国境なき医師団のような昔からある組織だけでなく、特に1990年代以降、無数の組織が澎湃と立ち上がってきたことが観察される。例えば、途上国の持続的な生活向上を目指して、コーヒーや紅茶を割高な価格で買い取り「ラベル」を貼って富国のマーケットで販売するフェアトレード運動は、普通の学生の間にも静かに浸透している。また諸地域には、労働者所有の形態を取る企業・消費者組合・共同組合銀行等、非市場的原理も取り込んだ経済組織が無数に活動している。それらは基本的に出入り自由な活動であり、限定された問題についてのいわば"小政治"を語るものである。参加者は、決して声高にでなく自分の得意分野について淡々と身の丈で語ればよいのである。しかも活動はインターネットによって他の諸組織と結びつき、それらのネットワークの重畳を通じて"大政治"へとリンクしていく。多くのNPOが夥しい数のボランティアに支えられており、多くの情報を数カ国語で自由にダウンロードできるように公開していたり、議論の広場を提供するというように、公益性の発揮を心がけている。機動的に組織された運営委員会の周囲には多くの専門家が集まり、これまたボランティアで多彩な専門情報を提供して組織を魅力あるものにしている。今日、NPOの数は200万とも300万ともいわれ、日本でも法人として認証されただけでも2万5000件を超えている。

　グローバル経済のコントロールに向かって　21世紀における大きな2つの力は、経済のグローバル化と市民社会であるといわれる。確かに価値観・文化・政治意識の高さが反映されたNPOの動員能力を見ると、市民社会が新しい政治的可能性を開き、グローバル・エコノミーをコントロールするグローバル・ポリティークを醸成させつつあることが実感できる。北欧の政府閣僚たちは、勤務先のオフィスにいくのに徒歩か自転車かあるいは公共交通

機関を利用するという。政治セクターがもっともよく人々を代表するのは、人々全体にもっともよいものを供給するときであり、全体的に供給するというのは、実は市民がお互いのためにおこなっている行為に他ならない。だからもし北欧の議員が、道路を封鎖し信号機を止め警察車両に取り巻かれて出迎えの車に送らせたりすれば、彼または彼女はたちどころに政治生命を失うだろう。代表者は市民に似、また市民は代表者に似るのである。

とはいえ私たちは、いきなりグローバル・ポリティークから出発することには慎重であってよいだろう。グローバル・ポリティークは諸国家の統合と世界政府の創出を夢見るが、しかしルールや倫理についての判断基準や義務的規準は国によって異なり、また何が全体にとって望ましいかについても多様な議論の積み重ねが必要だからである。状況の複雑さを単純化して、いきなり全世界に共通の正義の行動規範を発見し適用することは、多くの軋轢と不幸を生むことに繋がりかねない。理性の夢が怪物を生む愚は戒められるべきである。むしろ私たちは、グローバル・エコノミーがすでにある程度展開しつつある世界の"総体性"に依拠して、その市民社会によるコントロールを通じてグローバル・ポリティークにソフト・ランディングする途を模索すべきではないか。

取り掛かりとして、世界を結びつけるマネーの動きに着目してみたい。さしあたり2つの資金循環が区別されるべきである。すなわち、1つは富裕国と富裕国の間の資金循環で、貿易によって相互に恩恵がもたらされる"市場"の領分に属するものであり、もう1つは富裕国と貧困国の間の資金循環で、購買力がなく市場が作動しない本質的に一方向的な"援助"の領分に属するものである。今日の問題は、両者が同等視され、"市場"の論理だけでグローバル経済が語られてしまう点にある。少し敷衍しておこう。

例えばエイズのような病気の治療薬の場合、製薬会社は開発投資によってコストを切り下げ、できるだけ多くの購買者を獲得しようとするだろう。もちろん特許料によって他社のフリーライドはブロックされるが、しかし他社が別の意匠でより有効な治療薬を開発するならば製造プロジェクトはたちま

ち断念され、こうして新たな治療薬を目指してのコストダウンと開発の熾烈な競争が展開されることになる。ここには、確かに"市場"の論理が作動している。だがこれとは違って、例えばマラリアのようなほとんど貧困国に限られる病気の治療薬の場合には、貧困国には支払い能力がなく、"市場"の論理は作動し得ない。マラリアの治療薬の開発は、富裕国の科学者と企業が公的資金を使って取り組む以外の方法によってはおこなわれ得ないだろう。つまりそこでは、"市場"でなく"援助"の論理のみが存在しているはずなのである。

　ところが、この後者の場合にも"市場"が成立し得る。例えば富裕国の諸政府やゲイツ財団のような援助団体が、マラリアの治療薬を買い取って貧困国に送るとか、あるいは貧困国政府に資金援助するといったことによってである。こうしてマラリア治療薬の購買力が担保され、富裕国の製薬会社は開かれた利潤獲得機会の中で製品開発に競って乗り出すことになる。そして富裕国は製薬会社を通して貧困国に貸与した資金を回収し、貧困国は借り入れ金の返済請求に追われることになる。つまり資金循環の制度的創出によって"援助"が"市場"に転化され、富裕国と貧困国という対極的構図が再生産され固定化されるのである。

　グローバル市民社会は、一見中立的なマネーの循環が潜在させているこの支配性・収奪性に敏感であってよい。グローバル・エコノミーの諸組織であるWTO、IMF、世界銀行が"援助"の名の下に推進している"市場"化の路線が、当面、この視角からあらためて検証されねばならないだろう。

情報社会の新しい「個人」　グローバル経済の下で断片化されていた政治は、市民社会のリードによってその本来の総体性を回復できるだろうか。このような問いは、当然、諸個人の内面の政治的「実践」にも向けられていくだろう。グローバル・ポリティークを規制する市民社会の質は、それを構成する一人一人の市民の個体性の高さにかかっているからである。その点で、今日の情報社会の下で生じつつある「個人」をめぐる新しい状況についても

一瞥しておかねばなるまい。

　21世紀の情報化時代は、幅広く濃密なネットワークが構築されることによって、諸個人が主体化する契機をますます高めている、と考えられる。お爺さんやお婆さんの昔話が伝える口誦時代の情報は、話し手と聞き手の心の中に一対一の共感を育み、相手との深い理解にもとづく人間関係を成立させていた。近代のマスコミ的な情報は、例えば新聞やラジオのように、受信者の想像力を喚起しそれを共有する市民的な連帯を生み出した。これに対して現代の電気的な情報は、ひとまず多様性と大量性、そして多方向性によって特徴づけられる。しかしそれは、マクルーハンが予告したような「グローバル・ヴィレッジ」を直ちには生み出さなかった。電気メディアが与える情報は、あまりにも瞬間的でしかも情緒のすぐ近くにまで迫ってくるために、諸個人はこれに対して一定の"距離"を取ろうと身構えてしまうからである。確かにテレビのメッセージ性の強さに対して、私たちはいつの間にか無意識的にバリアを敷いているのではないだろうか。さもなければ、鼠はいつまでも猫に跳びかかっていなければならないことになる。私たちは、厖大な情報量を前にしてひとまず身を引きそれらを「想像上の imaginary」空間として自分の外に押しやりつつも、しかし同時にその直後には、あらためて自分にとって本当に必要なものを選り分けて「バーチャルな virtual」空間に組み換えていこうとする。「バーチャルリアリティ（人工現実感）」という言葉は、人の行為（徳＝virtue）によって物事の本質が引き出されて生き生きと現実化させられることを意味するが、個人の「実践」性を表現するこの言葉が、情報時代のキー・ワードとして多用されるのは偶然ではない。

　このような、受信者でもあり発信者でもあるという、しかもグローバルなネットワーク基盤の上に生成してくる諸「個人」が、どのような社会的な「連帯」を展開していくかは、実はまだよく分からない。しかし彼らが、例えば、政治家が好んで口にする「多様性」「自律性」「自己表現」といったスローガンや、「パイを大きくすれば全員の取り分が増える」「技術開発を上回るスピードで消費量を増やさないと雇用は維持できない」といった経済学者の理論に

簡単に動員されるとは考えにくい。「個人」の圧倒的な存在感の下では、このようなメッセージに託された「名目的 nominal」な方向づけはすぐに見破られてしまい、1つの価値体系として固定的に維持されることはほとんど不可能だろう。かつてアリストテレスは「幸福主義（エウデモニア）」に言及し、この言葉の語幹「デモニア（ダイモン＝神的な力を具えた天才）」が示すように、「幸福」とは一時的な喜びや満足とは違って人間がその持てる可能性を全面的に発揮して持続的な努力の末に何ごとかを達成していくところにこそ見出されるものである、と語った。日々を生きるとともに、より広い視野の下で自らの生を成就していくこと。グローバル・ポリティークは、そのような諸個人の「リアル real」な生き方を張り合わせていく先に垣間見えてくるものだろう。

　ところで最近日本でも、宇宙旅行の魅力が喧伝され宇宙ビジネスの立ち上げが伝えられる。確かにグローバル化は、"統合"のためにより高くのぼって地球を俯瞰しようとする傾向があり、しかもしばしばそれが理想化されがちである。だが、E. デュルケムもいうように、「理想はより超越的だから高いのではなく、私たちにより広大な展望を与えるからより高い」のである。ショッピング・モールと娯楽施設と住居が一体になり、すでにどこか宇宙ステーションを思わせる空間に住んでいる私たちが、もし抱くことができる"夢"が大気圏外への一時的な物理的脱出だけだとすれば、これほど貧しいこともないだろう。

【参考文献】

　緒方貞子　2006『紛争と難民』集英社
　コーテン，D.（西川潤監訳・桜井文訳）　1997『グローバル経済という怪物——人間不在の世界から市民社会の復権へ』シュプリンガー・フェアラーク東京
　国連開発計画　1999『人間開発報告書 1999——グローバリゼーションと人間開発』国際協力出版会
　サロー，L. C.（三上義一訳）　2004『知識資本主義』ダイヤモンド社

ジグレール，J.（渡辺一男訳）　2004『私物化される世界──誰がわれわれを支配しているのか』阪急コミュニケーションズ
シラー，R. J.（田村勝省訳）　2004『新しい金融秩序──来るべき巨大リスクに備える』日本経済新聞社
ソロス，G.（大原進訳）　1999『グローバル資本主義の危機──「開かれた社会」を求めて』日本経済新聞社
舘暲　2002『バーチャルリアリティ入門』ちくま新書
チョムスキー，N.（鈴木主税訳）　2003『メディア・コントロール』集英社新書
バグワティ，J.（鈴木主税・桃井緑美子訳）　2005『グローバリゼーションを擁護する』日本経済新聞社
ハミルトン，C.（嶋田洋一訳）　2004『経済成長神話からの脱却』アスペクト

第2章

地域再生支援の金融システム

1. 本章の課題

　グローバル化の進展は第1章でも論じられたように様々な影響をもたらしているが、その影響は地域経済にも及んでいる。グローバル化の波にあらわれた地域では経済的・社会的衰退に見舞われている。地域経済の衰退は世界の各国で見られる現象なのである。地域経済の衰退の中で、地域をいかに経済的・社会的に再生させ得るのかが、いま多くの国で、また地域で問われている。その際、1つの鍵となるのが地域に根ざした地域再生支援の金融システムをつくり上げることである。地域への投資が地域再生へのきっかけになることは、すでにいくつかの事例が生まれている。アメリカのスラム街再生に大きく寄与した「コミュニティ投資」などであり、また本章で見るようなオーストラリアの事例である。日本においても、コミュニティ・バンクのような新たな金融システムをつくり出し、地域の再生を目指そうとする動きも現れてきた。

　本章では、オーストラリアを例に取りながら、地域再生に資する金融とは何かを考えていきたい。それが、日本における地域再生の1つの参考になり得ると考えるからである。

2. オーストラリアのグローバル化

オーストラリアの経済構造の特徴　グローバル化の進展によってオーストラリア経済に何が生じたのかという点から話を説き起こしたいと思う。

周知のように、日本の南方に位置するオーストラリア連邦（Commonwealth of Australia）は6つの州と2つの特別区、すなわちニューサウスウェールズ州（NSW）、ビクトリア州（VIC）、クィーンズランド州（QLD）、南オーストラリア州（SA）、西オーストラリア州（WA）、タスマニア州（TAS）、ノーザン・テリトリー（NT）、オーストラリア連邦首都特別区（ACT）からなる国である。

オーストラリアの経済構造はというと、対外的には農産物や鉱産物などの第1次産品輸出国でありながら、国内的には観光産業といった第3次産業の割合が圧倒的に高い、という2つの顔を持った国であるといわれている。

一見、理解しにくい特徴であるが、この特徴として挙げられているものを分解してみると、次のような3つの図式から成り立っていることが分かる。まず第1にここには「製造業」という言葉がない。第2に対外的、すなわち輸出の面では鉱産物などの第1次産業の国だということであり、そして第3にそれでいながら国内的に見ると観光産業といった第3次産業の割合が高いということである。

これは一体どういう意味であり、またなぜこうした特徴が生まれてきたのか。その舞台裏を明らかにすることが、オーストラリア経済の現実を読み解く上での鍵となる。実はこうした特徴が生まれたのはグローバル化の進展の中で外国資本を媒介にオーストラリア国内の産業連関が崩壊したからであり、リゾート開発がおこなわれたからなのである。

製造業の衰退による産業連関の崩壊　まず、オーストラリア国内の産業連関の崩壊ということについて見てみよう。

イギリスの過剰資本のはけ口としての工業製品の販売市場、あるいは食糧、鉱物資源の供給基地として位置づけられてきたというオーストラリア成立の歴史的経緯、あるいは農産物・鉱産物・観光の国というオーストラリアの現代の状況などがあるので、一般には「オーストラリア」という言葉から「製造業」というイメージはなかなか湧いて来ないが、実はかつてオーストラリアでも土着の製造業が発展していた時期があった。

　世界大戦を契機にイギリスの工業製品のはけ口としての地位からようやく解放されると、オーストラリア国内の土着の製造業が開花し始めた。この開花によって、国内の鉱物資源を利用し、それをオーストラリアの製造業が加工するという国内の産業連関が確立したのである。政府の保護関税などによって、この製造業は一層発展し、オーストラリアの多くの人々の雇用を支えた。

　ところが、1970年代以降、こうした土着の製造業が貿易の自由化、資本取引の自由化といった一連の規制緩和、グローバル化の中でアメリカ、日本などの外国資本によって淘汰されていった。

　もともとオーストラリアはその国家成立の経緯からイギリスとの経済的な結びつきが強い国であったが、当のイギリスは1973年のEEC加盟を契機にオーストラリアよりもヨーロッパとの結びつきを選択し、旧英連邦諸国との関連を切り捨てていく。イギリスとの結びつきを切り捨てられたオーストラリアはアメリカや日本などとの経済的な結びつきを強めていくのだが、こうした中で貿易の自由化、資本取引の自由化、金融の自由化、公的機関の民営化などの一連のグローバル化、規制緩和がおこなわれていったのである。

　これによってオーストラリア国内の産業連関が崩壊する。例えば、わが国との関連でいえば、オーストラリアの鉄鉱石や石炭は、オーストラリアの土着の製造業が淘汰された結果、オーストラリアの製造業に結びつけられるのではなく、日本へと運ばれる。1981年のオーストラリアの鉄鉱石の対日輸出依存度は73%にものぼる。日本の自動車に使われる鉄鋼材の多くがオーストラリアから輸入された鉄鉱石を原料としている。そして、こうして日本

表Ⅱ-1　オーストラリアの直接投資受入残高と
イギリス・アメリカ・日本の構成比

（単位：100万オーストラリアドル）

	直接投資残高	イギリス	アメリカ	日本
1981年	46,786	31.2%	28.0%	8.8%
1985年	111,618	23.7%	24.0%	14.5%
1990年	266,609	19.0%	17.8%	17.9%

出所）Australian Bureau of Statistics, *Balance of Payments and International Position*（annual）より作成。

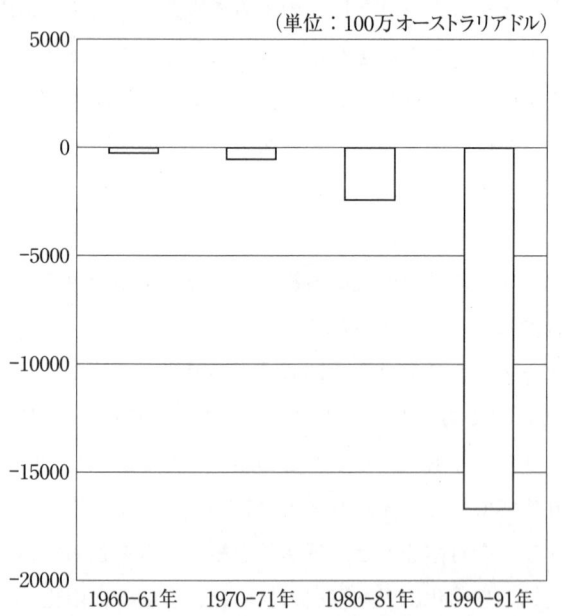

図Ⅱ-1　オーストラリアの投資収益収支

出所）Australian Bureau of Statistics, *Balance of Payments*（annual）より作成。

で生産された自動車が逆にオーストラリアへと輸出される。オーストラリアの鉱業部門自体も、直接投資を通じて外国資本による影響力が強まった。直接投資は様々な分野にわたっておこなわれ（表Ⅱ-1参照）、そこからの収益が海外へと送金されている（図Ⅱ-1参照）。

このようにして、オーストラリア経済の特徴からは「製造業」という言葉は消え去り、「対外的には第1次産品輸出国だ」という特徴が出てくる。

外資による観光産業の開花　いま1つの特徴は「国内的には観光産業といった第3次産業の割合が圧倒的に高い」ということである。

もともと、オーストラリアは海外から観光客を引き込むという国ではなく、むしろ逆にかつての母国であるイギリスへの旅行に代表されるように、オーストラリア国内から海外に旅行へ出かけるというのがオーストラリアの伝統的なパターンであった。ところがそれを変えたのが、グローバル化の中でオーストラリアに進出してきた日本の資本であった。

日本の資本によるオーストラリアのリゾート開発は、「日本の投資の85％は不動産、観光分野に集中し、同分野では全外国投資の7割近くを日本が占める」といわれるように圧倒的なものとなっている。

オーストラリアのリゾート産業はどこから観光客を引き入れるのかというと、これもまた日本からである。戦後日本は、一時期外貨の持ち出しが制限されていた。しかし、その制限が1964年に一部緩和され、「観光渡航のための買い入れは1人年1回限り、500ドル以内、為替銀行限りの承認」という条件となり、1978年には無制限となった。こうして日本の海外旅行は自由化（観光渡航のための外貨の買い入れが自由化）され、日本人の旅行は国内旅行から海外旅行へ次第にシフトしていく。

そして、1970年代から1980年代にかけての急激かつ大幅な円高を背景にして海外旅行の行き先としてオーストラリアが大きくクローズアップされてくる。これを契機にオーストラリアにおいて観光産業、リゾート産業の一大発展が促された。「パック旅行」がその手法であった。パック旅行は表面的に見れば安価に海外旅行のプランを提供するものであるが、その真髄はむしろ日本の資本が建設した観光施設を組織的に利用させることを通じて日本人観光客の旅行資金を外部に漏らすことなく、すべて吸収しようとする点にある。

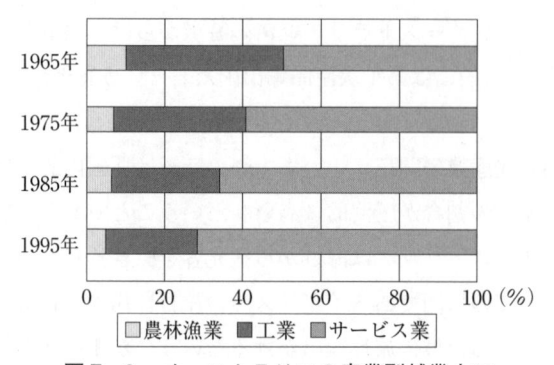

図Ⅱ-2　オーストラリアの産業別就業人口
出所）OECD, *Labour Force Statistics 1965-1985*（1987），
　　　Labour Force Statistics 1976-1996（1997）より作成。

　こうして、オーストラリアではこのリゾート産業の開花によって、それに連なる小売業なども含め国内の多くの雇用が支えられることになった。
　ここから「オーストラリアは国内的には観光産業といった第3次産業の割合が圧倒的に高い」という特徴が現れてくるのである（図Ⅱ-2参照）。かくして、先の「対外的には第1次産品輸出国だ」という特徴と併せて、冒頭で述べた「対外的には第1次産業輸出国でありながら、国内的には第3次産業の割合が圧倒的に高い」というオーストラリア特有の経済構造が完成することになる。
　だが、こうした経済構造の変化によってオーストラリア市民に何が生じたのだろうか。それは、雇用の不安定化であった。1つは、多くの雇用を支えていた製造業が衰退したからである。オーストラリアにおいて製造業が占める雇用のシェアは、日本の約半分でしかないのである。また1つには、新たな雇用吸収の場として台頭してきたリゾート産業などでの雇用の吸収のあり方がパート労働を主体としたものであったからである。オーストラリアにおいては、たとえ観光産業が開花し、雇用が創出された地域であっても定職を持っている人は多くはない。例えば、観光産業の中心地であるクィーンズランド州ですら、フルタイム労働として働いている人の割合は全体の約7割で

あり、残りの3割をパートタイム労働者と失業者が占めているのである。

バブルの発生　こうしたグローバル化に伴う一連の経済構造の変化の中で、金融においても大きな変化が生じた。貿易の自由化や資本取引の自由化といったグローバル化の中で従来の融資先であった地場の製造業が外国資本によって崩壊させられた結果、オーストラリアの金融機関も貸出難に直面したのである。

外国の銀行資本は、実体経済における自国資本のオーストラリアへの進出を足場に金融の自由化の中で融資先を拡大し、大企業向け融資の分野での支配を確立しつつある。金融の分野は実体経済の分野よりもグローバル化が後から開始されたこともあり、いわばそれまではオーストラリアにあって唯一外国資本から保護されてきた分野であった。しかし、この体制が大企業向け融資の分野から動揺し始めたのである。

こうした状況の中で、オーストラリアの金融機関はその打開の道を花形産業として台頭してきた日本のリゾート産業を頂点とするリゾート開発ブームに求めていった。

1980年代後半にリゾート開発、およびそれに伴う地価の値上がりを目的として日本から大量の資金が流入したが（不動産関連の投資だけを取ってみても、1989年には1984年の実に280倍の資金が流れ込んだ）、これがオーストラリアにおいて一層のリゾート開発ブーム、土地投機を生んだ。バブル経済に沸く日本からの資金の流入はオーストラリアの地価の異常な上昇をもたらし、オーストラリアの金融機関をリゾート産業への過剰融資や土地投機へとのめり込ませた。オーストラリアにおけるバブル経済の始まりである。

日本においてはオーストラリアなどへの海外旅行ブームによって国内の地方の観光地が打撃を受け、宮崎県などの観光地が地域衰退からの脱却のためバブル期に銀行と提携してリゾート開発に乗り出し、やがてバブル崩壊とともに不良債権を抱えることになるが、その観光客を奪った側のオーストラリアにおいてもこうして1980年代後半にバブル経済が始まったのである。

3. 金融排除

資金の地域外流出　こうした中、オーストラリアの地域経済は衰退の波にさらされていく。とりわけ、外国資本による観光産業が展開しなかった地域では、就労機会が乏しく、雇用の不安定化は顕著である。

それだけではない。「融資が受けられない」あるいは「地域から金融機関がすべてなくなる」という金融排除の問題も生じている。

まず、1980年代後半のバブル経済下について見てみると、大手銀行は地域内で集めた資金を地域にではなく、観光産業が展開している都市部や大手企業へ融資するという姿勢を一層強めたが、これを地域の視点から捉え直すと、次のようになる。すなわち、有力な雇用先のない地域では地域の中に新たなるビジネスを立ち上げ、雇用の機会を増やさなければならないが、融資ルートが狭隘にされている以上、地域にいくら預金があってもそれが地域の雇用創出のために活用されることはないということ、つまり地域内の資金であっても、地域が必要としているところに十分に投下されないということである。

融資の決定権が地域から離れる　さらに1990年代のバブル崩壊以降においても、以下に述べるように大手銀行は地価の暴落等による不良債権の発生と経営の不安定化を契機に、支店や代理店を閉鎖するという形で地域からの撤退を進めている。

オーストラリアで1990年代において最初に起こったのは、バブル経済の崩壊であった。すでに述べたようにオーストラリアにおけるバブル経済の発生は日本からオーストラリアへのリゾート産業、不動産産業の投資を契機としたものであったが、その日本の資金は日本の銀行をバックにしていた。日本での不動産融資規制などを契機に1990年以降日本からオーストラリアへの不動産関連の資金流入が激減すると、オーストラリアでも地価が暴落し、バ

ブル経済の崩壊が始まった。バブル経済の崩壊によって1990年代初めのオーストラリアは日本と同じように不良債権の発生と銀行の経営悪化に見舞われたが、これを契機にオーストラリアの大手銀行の効率化路線が強化され、支店の閉鎖という形で「地域からの撤退」が進められるようになった。

　地域における支店の閉鎖件数は1993年から2000年にかけて781件にのぼっている。この閉鎖を減少率として見ると、約30％ということになるが、この数値は日本に住むわれわれの想像以上の意味を持つ。というのも、オーストラリアの場合、地域に密着していた金融機関を淘汰しながら大手銀行が地域に進出し、全国的に支店網を拡大してきたという過去の歴史的経緯があるので、大手銀行が地域から撤退すると、地域から金融機関がすべてなくなるという事態が発生するからである。

　一見すると、地域から金融機関がすべて消滅することは大きな問題だとは見えない。周辺の都市には金融機関が存在しているのだから、取り立てて問題とするほどのことでもないと思われるかもしれない。事実、オーストラリアの大手銀行は支店を閉鎖するに際してそうしたことを主張していた。しかし、実際はそうではない。

　融資の主役である支店が閉鎖され、地域からすべての金融機関が消滅するということは、支店が担っていた融資の決定権という機能が地域から離れるということを意味するからである。

　中小企業向け融資は、地域に店舗を持つことによって日頃から地域に密着し、地域の中小企業の状況をよく把握している金融機関であってこそできることである。地域から金融機関が消滅すれば、融資を実施するか否かの決定権はその地域にではなく、その地域から遠く離れた都市部へと移される。地域に密着し、その事情に精通した人が融資の判断を下すのではなく、地域の事情に昏い人が地域から遠く離れた大都市で融資するか否かの決定を下すことになる。

　企業の採算性の審査が十分にできないとなれば、融資の審査の際に担保の重要性が増すことは必然である。表向きは経営者の人格、返済の意志、経営

に対する意欲などを総合的に判断して中小企業向け融資の判断をしているというが、筆者の銀行への聞き取り調査によれば、中小企業向け融資の判断に際しては8割方は担保を見ているという。いうまでもなく中小企業は大企業に比べて経営基盤が強固であるわけではなく、担保に供するだけの資産を持っていないというところにむしろその特性がある。こうして支店の閉鎖を震源にして「貸し渋り・貸し剥し」が発生するのである。地域では金融機関の消滅を理由に店を閉鎖し、他へ移転する小売店も出ている。

　こうしたバブル崩壊以降の現象を地域の視点から捉え直すと、次のようになる。すなわち、バブル経済下においては地域の資金はバブルへとつぎ込まれ、地域のために活用されることはなかったにもかかわらず、バブル経済崩壊以降においては、バブルにつぎ込まれたそうした資金の影響が支店の閉鎖や「効率化」を媒介として地域を衰退させるという形ではね返ってきたということである。

4.　1980年代のオーストラリアにおける地域再生支援の金融システム

　ローカリゼーション　　だが、こうしたグローバル化に伴う地域経済の衰退という出来事が逆にオーストラリアの地域住民に自らの地域社会のあり方を真剣に考える契機を与えることになり、その結果、地域住民が地域や市民に根ざした新たな地域づくりに自ら取り組むという事例が見られ始めてきている。

　ここでは、そうした事例としてまずクィーンズランド州のマレニーという町の事例を取り上げよう。マレニーは、オーストラリアの東岸部、クィーンズランド州の州都ブリスベンから北へ約90 km 内陸に入った人口約1万人程の地図にも載らない小さな山あいの町である。町の雇用を支える主要産業は酪農業であったが、その酪農業が1970年代以降のグローバル化を契機に衰退したことで、地域再生が喫緊の課題となったのであった。

　地域再生の取り組みがなされ始めたのは1980年代半ばであるが、それは

グローバル化の流れの中で資金・人（労働力）・雇用・モノといった地域の経済的資源が地域から流出ないし消滅していくという地域経済衰退の基本的構図を見つめ直し、地域内循環・地域内連携の構築によって地域再生をはかろうとするものであった。

地域再生のためのマネーの使い方　地域を再生するにあたり、マレニーにおいて重要な鍵となったのは、まずマネーの流れおよび使い方を変えることであった。すなわち、既存の金融システムが地域の経済的基盤を動揺させているという現状を見つめ直す必要があったのである。

地域に産業を立ち上げ、市民生活を安定させるためには、マネーすなわち金融のコントロールを地域コミュニティに取り戻し、地域の資金が地域の必要としているところに回るようにしなければならない。そこで、地域の資金を地域内に再投下・循環させ、活用する仕組みをつくり上げた。すなわち、地域の資金を地域コミュニティのために融資する地域支援の金融機関、マレニー・クレジットユニオンがそれである。

マレニー・クレジットユニオンの設立背景　マレニーの地域づくりにおいてマレニーの人々が求めたもの、それは環境を保護しながら、健康によい安全なオーガニック食品を食べ、豊かな文化をつくり上げていくといった「永続可能な地域社会」づくりであったが、中でも無視し得ない課題として現れた問題は、地域の人たちの「生活の糧」をいかに確保するかという問題であった。マレニーに暮らす人々の希望を断っていたものは、地域内には産業や雇用がなく、人として安心して生きていく術がないということであった。

主要産業であった酪農業がグローバル化の中で衰退して以降、観光化の流れにも立ち遅れたマレニーにおいて酪農業から遊離された人たちの雇用の受け皿となっていたのは、地域の中にある商店、飲食店などの第3次産業であったが、その第3次産業自体もきわめて零細な個人経営でしかなかった。酪農業の没落によって発生した余剰労働力の受け皿としては、狭隘すぎる。マ

レニーの相当数の人たちは、失業するか、あるいは第3次産業で雇用を見出せたとしても、その雇用形態は不安定なパートタイムであり、低賃金での雇用であった。パートタイムといっても1カ所で必要な生活資金を稼げるほどの職場などは存在せず、人々はいくつかの商店、飲食店で複数のパートタイム労働をしなければならない。地域で成人した若い世代に関しても、地域内で職業が見出せないという問題も発生していた。おおよそ、地域の若年層の3分の2は職にありつけていなかった。そこで、地域コミュニティは雇用の創出に真剣に取り組まなければならなかった。人々が生活の糧を得られるような道筋を開くことが、人々に希望の光を与える上でまず必要だったのである。

　こうした地域の諸問題を解決するにあたって大きな障害となったのが、その実現のために必要な融資が得られないということであった。町の中にまとまって働けるような所がない状況下では人々は自立しなければ生きていけない。そのためには生業としての小ビジネスを立ち上げる必要がある。こういう状況だからこそ、金融機関の融資がほしい。ところが、地域の中にあるオーストラリアの大手銀行はマレニーの人たちへの融資には応じようとはしなかった。むしろ、大手銀行は地域の預金をグローバル化の中で進出してきた日本の資本を頂点とするリゾート産業などへのバブル関連融資に回していたのであった。担保となり得る有力な資産もなく、しかも小口融資で手間とコストのかかるマレニー地域への融資よりも、大口融資で高い利益の見込めるリゾート関連融資が優先されたのである。

　ここに、マレニー・クレジットユニオン設立の原動力が生まれた。地域内に資金がないわけではない。地域住民一人一人の持っているお金はささやかではあっても、地域全体として見れば（一人一人のお金を合わせれば）貨幣蓄積がある。ただ、地域のお金を地域のために循環させて利用するという仕組みになっていないだけである。地域にある貨幣を地域のために循環させること、すなわちよそに流出させるのではなく、地域の中に留め置き、絶えず地域の中で利用することが必要であった。そこで、アメリカでの倫理的な投資法(地

域再投資法)に刺激を受けながら、マレニーの人たちは地域の貨幣を地域内で融資・循環させ、地域の発展のために使うような金融機関、すなわちマレニー・クレジットユニオンを手づくりで1980年代半ばに立ち上げたのだった。

マレニー・クレジットユニオンの設立は、マレニーの地域社会にとって非常に大きな意味を持った。資金のコントロールを地域のコミュニティに取り戻し、経済・福祉・環境といった地域が必要としているところに資金が回るようにするこの金融機関によって、地域の人々が生きていく上で欠かせない小ビジネスや、教育、文化、環境を育むための各種の協同組合が次々と設立され、マレニーの人々の町づくりが大きく動き出したからである。

マレニー・クレジットユニオンの特徴　ここで、マレニー・クレジットユニオンの特徴について見てみよう。主なものは、次の4点である。

1つは、地域住民の経済的な基盤の確立のための低利の融資を無担保でおこなうという点である。担保が不足しているという理由や小口で商業ベースに乗りにくいという理由で銀行から敬遠されがちな融資であるが、マレニー・クレジットユニオンはそうした融資を無担保でおこなっている。一体なぜ無担保なのか。もともとマレニーの人々は担保となり得る資産をそれほど持っていない人がほとんどである。しかしだからといって融資しないというのであれば、それでは地域内に何も生まれようがない。希望も新しい産業も生まれはしない。むしろ担保となり得るような資産を持っていない人たちが大部分だからこそ、そうした人々に生きる術を与えるために担保を度外視して融資する意味がある。マレニー・クレジットユニオンを介在させながら地域全体が1人の人に小ビジネスを立ち上げられるように、融資という形で支援する、そしてそのチャンスをもらった人はその儲けたお金で今度は他の人が自分と同じように小ビジネスが立ち上げられるように、マレニー・クレジットユニオンへ預金することによってその支援をはかる。地域全体でチャンスを与え合うことによって、1人また1人と生きる術を持たせていく。こ

うした地道な一歩一歩の積み重ねによって、地域全体の発展をはかっていこうということなのである。

　こうしたマレニー・クレジットユニオンの融資によって地域経済が活性化され、新しい雇用が生み出されている。1件あたりの平均的な創業資金としての融資額は、2000オーストラリアドルから3000オーストラリアドルである。2000年度においては14の小ビジネスがマレニー・クレジットユニオンの融資によって立ち上げられたが、そのうち12のビジネスが軌道に乗っている。その成功率は実に85%と非常に高く、オーストラリアの平均的な成功率である20%をはるかに凌いでいる。

　2つめは、健康や環境の保全、福祉に携わる各種協同組合への融資を低利でおこなうという点である。融資の倫理性、社会性を問うことを重視し、環境を著しく害することに繋がるような融資などは一切おこなわない。

　3つめは、預金・貸出業務によって得られた利益については、それを地域コミュニティに還元するという点である。マレニー・クレジットユニオンがその業務によって獲得した利益の一部（10%）は、コミュニティへ寄付され、地域のために使われる。これによって、これまでのところ市民プールの建設、学校設備の充実がおこなわれるとともに、事故、火事や災害で被害を受けた人を助けるための基金などがつくられている。

　4つめは、マレニー・クレジットユニオンの運営は、地域住民がおこなう。マレニー・クレジットユニオンは地域の人たちが手づくりでつくった協同組織の金融機関であるから、その運営は地域住民の意思にもとづいておこなわれる。地域住民の意思が運営に反映されることにより、地域の必要としているところへ資金が回るようになっている。

5.　1990年代以降におけるオーストラリアの地域再生支援の金融システム

　これまでマレニーにおけるクレジットユニオンを介した地域再生の取り組みについて見てきた。①住民の意思を金融機関の経営に反映させることを通

して、資金のコントロールを地域のコミュニティに取り戻し、経済・福祉・環境といった地域が必要としているところに資金が回るようにする。そして②利鞘についても地域のコミュニティへ還元していく。これらのことを通してマネーの流れを市民に顔を向けたものに変え、地域の再生をはかろうとしたのであった。

　マレニーがこうした取り組みを始めたのは1980年代半ばであったが、1990年代以降になるとそれ以外の地域でもこうした資金のコントロールを地域コミュニティに近づける地域再生支援の金融システムの構築が試みられるようになった。

　マレニー以後の他の地域で見られる1990年代以降のこうした現象において特徴的な点は、資金のコントロールを地域のコミュニティに近づける地域再生支援の金融システムの構築が、既存の銀行のあいだでも（まだ一部の銀行だが）経営戦略として認められるようになり、銀行がそうした地域再生支援の金融システムの構築に関わるようになったという点である。

　その銀行とは、ビクトリア州のベンディゴに拠点を持つベンディゴ・バンクという地方銀行である。この銀行によって提供される地域再生支援の金融システムは「ベンディゴ・バンキング・モデル」と呼ばれ、以下のようなフランチャイズ方式から成り立っている。すなわち、まず資金のコントロールをコミュニティに近づけることを希望する地域がこのベンディゴ・バンクにその旨を依頼する。ベンディゴ・バンクは調査の後、地域とフランチャイズ契約を結ぶ。ベンディゴ・バンクはその地域に支店を出店し、その支店を使って地域住民に金融事業をおこなう権利を与える。地域はその見返りとして一定の対価をベンディゴ・バンクに支払うとともに、地域住民をスタッフとして雇い、ベンディゴ・バンクのサポートの下に地域の資金が地域の必要としているところに再投下されるように金融サービスを展開するというものである。こうして出店された支店は「コミュニティ・バンク」という名称が付与され、地域住民が1人1票制で経営方針に参加する。融資に必要な情報は地域の実情に詳しい住民が集め、地域の声ができるだけ融資に反映されるよ

うになっている。そうして得られた利益の一部は、地域福祉を担う看護師育成のための奨学金制度の創設などの形で地域に還元されている。

　他の大手銀行はATMの設置に見られるように顧客を集めようとして多額の資金を投下するが、ベンディゴ・バンクの場合は多額の資金を投下することなく、地域コミュニティからの支援によって顧客や利益を獲得することに成功している。ベンディゴ・バンクが提供するコミュニティ・バンクを支えれば、地域が必要としているところに資金が回る上、「利鞘」という名の利益も地域に還元されることになるので、大手銀行からコミュニティ・バンクに預金や取引関係を移そうというインセンティブが地域住民の間に生まれることになるのである。

6.　日本の金融システムと地域再生

　金融システムの盲点　これまでマレニーを初めとしたオーストラリアの地域再生の事例を見てきたが、地域再生にあたり共通した鍵となったのは、資金のコントロールを地域コミュニティに近づけ、地域の資金が地域の必要としているところに回っていくような金融システムを構築することであった。

　貨幣は産業を立ち上げる上でも、また市民が生活をおくる上でももっとも基本的・一般的要素であるがゆえに、新しい産業を立ち上げ、市民生活を安定させ、地域再生をはかる上では金融のコントロールを地域コミュニティに近づけて地域の資金が地域の必要としているところに回るようにすることはきわめて重要な意味を持つのである。実際、オーストラリアに限らず、例えばスペインにおいてもニュージーランドにおいても地域再生にはたす金融の重要性が再認識されているところである。

　おおよそ、金融システムは国際的、国家的視点あるいは市場レベルで語られることが多く、金融システムの構造自体、そうした視点から形成されている場合がほとんどである。確かに金融システムには国際的、国家的な視点あるいは市場レベルの視点が必要であるが、しかし現代のように地域再生が問

われている時代においては地域支援という地域レベルの視点もまた必要なのである。

　オーストラリアの場合、地域市民の生活感覚を通してではあるが、彼らがおこなったものは既存の金融システムにおいて欠けている論点、いい換えれば地域支援という視点の必要性を広く社会に対して問題提起したということなのである。既存の金融システムに地域支援という視点が欠落しているがゆえに、地域市民は金融のコントロールを地域コミュニティに近づけ、地域の資金が地域の福利のために活用されるような仕組みを立ち上げて、そして地域の再生を可能にした。

　これまで述べてきたオーストラリアの事例はわが国の地域再生にも教訓を与える。わが国の金融システムにおいても、地域支援という地域レベルの視点が希薄化してきているという現実があるからである。地方銀行、あるいは信用金庫・信用組合・農協といった協同組織形態の金融機関など地域に拠点を置く金融機関は存在してはいるが、しかしこれらの金融機関がコール市場などを通じて地域の資金を地域外へ流出させ、地域の経済基盤を掘り崩してきた面があることは否定しがたい。こうした中で、地域再生に際して地域への資金供給ルートをいかに充実させるかが近年わが国政府によって政策的課題とされているのである。

　地域において間接金融を担う金融機関に対する期待はきわめて大きいものがある。起業や企業再生のために株式などの直接金融によってリスクマネーを供給させようという政策も提唱されてはいるが、株式などの直接金融は地方には流れにくいのが現実だからである。株式についていえば、リスクマネーを出すのも、それを受け取るのも大都市圏であって、地方ではない。実際、リスクマネーの供給は約90％が三大都市圏から供給され、それを受け取る側の上場企業なども約80％が大都市圏に集中しており、リスクマネーが地方に流れることはほとんどないのである。

地域の金融機関の存在意義の変化　このように地域の金融機関に対する

地域の期待が存在する一方で、地域の金融機関の側でもまたその生き残りの道を模索しているように感じられる。というのも、以下に述べるように地域の金融機関の存在意義が歴史的に大きく変化してきているからである。

　明治時代においては、地域の金融機関は充実されるべきものとして絶えず重視されてきた。それはなぜかというと、後発の資本主義国としてスタートしたわが国において、国内生産の底辺にあってそれを支える層である国内の中小企業や農業を底上げすることが、日本全体の生産力の増強に繋がると考えられたからである。先進の資本主義諸国に追いつくには生産力の増強が必要だが、地方の金融が円滑でなく、地域経済が衰退していては、一国の経済進歩もまたあり得ない。こうした認識から、地域の産業である中小企業や農業などへ資金が流れるように低利での融資ルートを確保する、あるいは充実させるということが絶えず課題とされてきた。それゆえ、地域の金融機関は重視されてきたのである。戦後においても、政策課題の上では大きな変化はあまりなかったように思われる。金融機関の中での合併が進められたという点はあったにしても、大手企業の輸出競争力を高めるという観点からその下請けを担う中小企業への融資ルートの充実ということが課題とされていた。

　しかし、現代においてはこうした構図に徐々に変化が生じているように思われる。生産の底辺にあってそれを支えるという中小企業の役割、そしてさらにその根底にあって働く人々の食生活を支えるという農業の役割は、企業の海外生産の進展と農産物の自由化によって日本の地域にではなく、徐々に国外に求められつつあるように思われる。そうなると、地域の金融機関に与えられる位置づけにも影響が生じざるを得ない。例えば、それは「日本では金融機関の数が多すぎる」という議論にもすでに現れているところである。現実においても農業を支えてきた農協系金融機関、中小企業を支えてきた中小企業専門金融機関の店舗数が減少してきており、まさに地域の金融機関の存在意義自体が問われている。

　従来であれば地域の金融機関の社会的な役割というものは、わが国の置かれた経済情勢にもとづいて何もしなくても重要な役割を自然に与えられてき

たといってよいが、今後は地域の金融機関も地域における自らの存在意義というものを見つめ直し、能動的にオリジナルなものをつくっていく必要があるように思われる。

金融機関の新たな経営戦略　本章で取り上げたマレニー・クレジットユニオンは、金融機関の生き残りのキーワードとされる「効率性」や「預金量」の規模のどれにも当てはまらないにもかかわらず、生き残り、そして発展してきた。マレニー・クレジットユニオンの総預金量は約1200万オーストラリアドルであり、金融機関としての規模から見れば大変小さい。また、競争相手の存在という観点から見てみると、オーストラリアでは統計上人口1万人に対して1つの信用組合というのが平均的な数であるから、これだけを見ればマレニー地域は平均的な経営環境にこそあるが、この小さなマレニー地域にはオーストラリア屈指の大手銀行が競争者として存在しており、経営環境に恵まれているとはいえない。しかし、それにもかかわらずマレニー・クレジットユニオンは「地域の味方」であるがゆえに支持され、存立してきた。他方、効率性や規模や利益という点ではマレニー・クレジットユニオンよりもはるかに優れた多くの銀行やクレジットユニオンが大手銀行との競争の中で吸収、合併、淘汰を余儀なくされてきている。

　ベンディゴ・バンクの事例も、また同様である。ベンディゴ・バンクももともと地方の単なる一銀行であり、生き残り策を模索しなければならないような立場にあった。ところが、「地域コミュニティが発展することが銀行の発展の道」と位置づけ、世論を味方につけることによって、いまや大手銀行よりもはるかに高い名声と全国的なブランド力を身につけている。「効率化によって競争力をつける」というオーストラリアの他の銀行が生き残り戦略としてどこも一様に掲げるものを否定したことのうちに、ベンディゴ・バンクの発展があるのである。

　これらは、地域と金融機関との新しい関係の構築に向けての新しい1つの試みとして注目される。地域が疲弊する時代にますますなりつつある時代だ

からこそ、こうした試みが重要ではないだろうか。

【参考文献】

Hankinson, D. 1978 *Reminiscences of Maleny*, Maleny and District Centenary Committee

Maleny and District Centenary Committee 1978 *Maleny 1878-1978 : One Hundred Years*

石垣健一　1985『オーストラリアの金融システムと金融政策』神戸大学経済経営研究所

岩崎八男　1967『オーストラリアの経済』アジア経済研究所

クロウ, G. & ホィールライト, T.（都留重人監訳）1987『オーストラリア—今や従属国家』勁草書房

ケイン, P. J. & ホプキンズ, A. G.（竹内幸雄・秋田茂訳）1997『ジェントルマン資本主義の帝国』I、名古屋大学出版会

佐藤俊幸　2003「オーストラリアにおける規制緩和と地域コミュニティ金融—マレニー・クレジットユニオンの事例を中心に」福島大学『商学論集』第71巻第4号、2003年3月

佐藤俊幸　2005『コミュニティ金融と地域通貨—我が国の地域の状況とオーストラリアにおける地域再生の事例』新評論

徳久球雄編著　1995『環太平洋地域における国際観光』嵯峨野書院

日本経済調査協議会　1982『オーストラリアの金融制度』日本経済調査協議会

森静朗　1977『庶民金融思想史体系』日本経済評論社

矢島保男・望月昭一・三橋昭三　1966「オーストラリアの金融制度」高垣寅次郎監修・青山保光編『世界各国の金融制度』第3巻、大蔵財務協会

第3章

雇用と労働世界から社会を見る

1. エピソード

ラッシュアワーは何時？ 本章をこんなエピソードから始めたい。夏のある日、とある東京のレストランでスウェーデン人と日本人とオランダ人のビジネスマンが会食していた。ビジネスの話が一段落したあと日本のビジネスマンが、「ストックホルムにいたとき、地下鉄のラッシュアワーが4時から5時であることに驚いた。日本では、6時から7時なのに」と、うらやましそうに嘆息した。それを聞いたオランダのビジネスマンは直ぐに笑いながら冗談っぽくいった。「いや、そんなのまだまだ。アムステルダムのトラム（路面電車）やバスのラッシュは2時から3時だ」。

　この話しは、少々誇張されているかもしれない。しかし、国際的な労働時間に関する統計を比較すれば、これがあながち「笑い話」や「冗談」でないことが分かる。そして、彼らは生活を享受できてこその労働であり、逆ではないという。日本のような家族とともに過ごす生活時間を犠牲にしてまで働く「長時間労働」といったような働き方は考えられないという。「ワーク・ライフ・バランス」、彼らにとって重要なのはこうした仕事が生活とバランスが取れている働き方だという。

女性が働くのは当たり前？ 話はさらに続き、それぞれの連れ合いの話題になった。スウェーデンのビジネスマンの妻は保母さん、オランダ人の妻

は医者として働いている。日本人の妻はいわゆる「専業主婦」、そして日本では職を持たない「主婦」はまだまだごく普通のことだと彼がいうと、彼らは驚いた。それぞれの国では女性が働くことが当たり前のこととなっているからである。男性と女性から成り立つ社会にとって、社会を支える労働が男女によって等しく担われるのはごく自然のことだという。こうした状態が生まれたのは1970年代以降のことであり、それほど古いことではない。

しかし、「専業主婦」というのはすでに過去のことであり、日本ではいまだに「男性稼ぎ手モデル」といった男性が外で働き、女性が家庭を守るといったジェンダー間分業が一般的なあり方であることに彼らは驚いた。しかし、日本でも「労働力の女性化」は進みつつあること、働くということに対する女性の意識も大きく変わってきたことを日本人の彼は説明した。しかし、日本人の彼は職場が女性にとってまだ働きやすい場でもなく、また自分も家事ができるような働き方でもない、それで妻には「うち」にいてほしいと思うし、いま妻が「うち」にいる現状に満足している、と口に出してはいえなかったがひそかに思ったという。

パートタイム雇用は不安か？

次いで話題となったのは、子供たちについてである。日本のビジネスマンは自分の子供が大学を卒業したにもかかわらず、アルバイトで働き、将来が心配だといった。アルバイトのままでは結婚もできないのではないかと心配なのだ。これを聞きオランダのビジネスマンはまず質問した。アルバイトって何だ、と。欧米では、こうした言葉で表す雇用形態はない。それは、「パートタイム雇用」といわれるものである。このことを確認した上で、彼は驚いた。なぜ彼がそのことに不安を感じ、子供の将来が心配だと考えているのか理解できなかったからである。

オランダ人のビジネスマンの息子はいまパートで働いている。しかし、そのことに彼は生活の不安も将来の心配もまったく感じていない。なぜなら、パートでも正規雇用者とまったく同じ労働の権利、社会保障の権利が与えられているからである。また、人生のある時期には、家族生活の方が、あるい

は個人生活の方が大事なときがある。オランダでは、そうしたときにそうした雇用形態を自由に選択できることが権利として与えられ、また逆にパートからフルタイム雇用に移行できる選択の権利もあるという。そのことの心地よさはたとえようがないし、不安を感じることは何もない。そうしたことは、むしろ一般的なことになってきているという。そうしたパートタイム雇用が男性においても増えている。したがってまた、社会全体として見ても各家計の所得の格差もそれほど大きくないという。

　スウェーデンのビジネスマンは、しかし日本人の話に少々同情的であった。スウェーデンでも親は子供にパートタイム雇用を勧めないという。フルタイム雇用がやはり自然で、所得も気分的にも安定するからである。しかし、近年、青年の失業が増え、フルタイム雇用が難しくなっている。そのため政府・自治体はきめ細かな就労支援をおこなうようになっているという。

　ただし、スウェーデンではたとえ失業していたとしても手厚い福祉給付があり、それほど生活に困るわけではない。その点、公的サービスが弱く家族や本人に経済的・精神的負担が大きくかかってくる日本とは違う。青年層の雇用の不安定さは、スウェーデンと日本とそれほど変わらないとしても、生活の安定感は大きく違っているのではないかと彼はいう。

　課題は何なのか？　興味深い話がまだまだ続いたのだが、まずはこれぐらいにとどめたい。さて、これらの話題の中に、われわれは雇用の場でいま何が起きているのか、あるいは労働世界や社会にどのような変化をそれがもたらしているのか、その現実と課題の一端を垣間見ることができる。

　本章では、そうした現実をあらためて日本に引きつけて浮き彫りにするとともに、雇用の変化が労働世界や社会にどのような問題を引き起こしているのか、そしてそれらの問題を解決し、「活力ある社会 active society」をつくり出すためにはどのような政策が取られるべきなのかを欧米の現実あるいは議論を参考にしつつ考察する。そこでは、さらにいわゆる産業社会を発展させてきた「勤労主義」そのものが問われることにもなる。

2. 雇用の現状

　まず、雇用の変化と現状を見ていこう。近年、そこにはこれまでとは違ったいくつかの特徴が現れつつある。その特徴は各国で微妙に異なってはいるが、大きくいえば欧米諸国や日本で共通に見られるものである。

　失業の恒常化　雇用の場で起きている第1の変化は、近年、特に1980年代以降失業率が高止りしていることである。戦後1950年代後半から1970年代半ばまでをいわゆる「黄金時代」という。先進諸国は高度成長期にあったのである。そのときの失業率は平均して約2％前後、それは自然失業率を考慮すれば完全雇用といえる水準であった。
　しかし、その後のいわゆる「フォーディズムの危機」、さらに1990年代初めのバブル経済の崩壊以降、失業率は急激に上昇した。例外は、上記に登場した国や他の北欧諸国であった。しかし、これは数少ない例外であり、世界的に失業率は上昇しそれは多少の変動を伴いながらも現在も高い水準にとどまっている。しかし、これらの国々といえども失業率は約5％前後に近く、高度成長期と比べると約2倍の水準である。それは決して社会がその高さを容認できる水準ではなく、現在の社会的不安定さをもたらす最大の要因の1つとなっている。特に問題なのは、未来を担うべき青年層の失業率が高いことである。それは、各国とも全年齢平均の約2倍となっている。
　とはいえ、失業率が問題なのは単にその高さにあるのではない。問題なのは、むしろこうした失業が常態になりつつあることである。これまでの失業は、景気がよくなれば雇用状況が回復するといった循環的性格が強かった。しかし、1990年代以降の失業は構造的なものである。というのは、それはグローバル化と「知識基盤型経済」社会化といったこの間に進みつつある社会のドラスティックな変化が不可避にもたらしているものだからである。
　グローバル化は企業に海外立地を促し、国内の雇用を減少させ、また社会

の「知識基盤型経済」社会への移行は生産性を上昇させ労働需要を恒常的に減少させる要因となるからである。他方、一般に雇用を吸収するとされてきたサービス産業の雇用吸収力には限度があり、また政府・自治体部門での雇用吸収力も恒常的財政危機の中でむしろ減少しつつあるからである。

　このように失業率の高止まりとその恒常化、それがいま労働世界に起きている第1の変化であり、特徴である。そして、このことが実は社会にとって深刻な問題を投げかけることになる。よく知られているように、戦後福祉国家は、人々の間の支え合いという人々の絆を制度化することによって「社会結束 social cohesion」を促し、強い社会統合を実現してきた。しかし、こうした「社会結束」が可能であったのは人々の生活が安定していればこそであり、完全雇用はそれを保障するものであった。だが、その前提がいま崩れ始めているのである。

　雇用の多様化　雇用の場で起きている変化と現実は、雇用の場から「排除」される人々を失業という形で恒常的に生み出しつつあるというだけではない。世界的に見て雇用それ自体にも変化が生まれつつある。1980年代に始まり、1990年代急速に進む「雇用の多様化」、いい換えれば「雇用の柔軟化」である。従来の雇用は、一般的に「期限の定めのないフルタイムの雇用」を意味していた。しかし、現在、短時間雇用（期限つき、または期限の定めのない短時間雇用）、派遣、契約といった多様な雇用形態が生まれつつあり、特に短時間雇用（いわゆるパート）がその多くを占めている。こうした雇用は「非正規雇用」と呼ばれ、「正規雇用」と区別されるのだが、こうした雇用形態が増えているのである。

　日本においても例外ではない。1995年、当時の日経連が「新しい時代の『日本的経営』」と題する報告書で「雇用の多様化」を主張して以来、日本的経営の根幹をなし、戦後日本の経済を支えてきたフルタイム・長期雇用という暗黙の雇用慣行が見直され、日本においても雇用の多様化が急速に進むこととなった。表Ⅲ-1で見られるように、それは、現在約30％にも達してい

表Ⅲ-1　非正規雇用の拡大

(単位：％)

年 \ 雇用形態	正規雇用	非正規雇用	パート・アルバイト	その他
1990	81.2	18.8	15.1	3.7
1995	80.6	19.4	16	3.4
2000	75.8	24.2	20.5	3.7
2004	70.6	29.4	20.5	8.9

注）正規雇用には、役員を含む
出所）『平成17年版　労働経済白書』より作成

る。特に女性にこの傾向が顕著である。雇用されている女性のうち非正規雇用の割合は、なんと50％を超えている。また、青年層にもこの傾向が目立ってきた。

　こうした「雇用の多様化」は、企業にとって必要雇用量を比較的自由に調整でき、また専門的技術に対応した人材が必要な期間だけ得られやすいのできわめて使い勝手のいい雇用である。したがって、「雇用の柔軟化」は企業に雇用増を促しているといった肯定的な評価もある。しかし、一般に「雇用の多様化」は、一定の条件を伴わない限りそれは雇用の不安定をもたらし、雇用者間に経済格差をもたらす結果となることに留意する必要がある。特に日本においてはそうである。次に見るように、非正規雇用の大きな部分を占めるパートタイム雇用に対して法的な保護が不十分だからである。

　パートタイム雇用とは？　　EUでは、1997年の「パートタイム雇用指令」で正規雇用の労働者と賃金、社会保険、休暇制度等での同等の権利が目指されて以来、パートタイム雇用は正規雇用と比べて単に短い勤務時間を持つ雇用（OECDの定義では週30時間以下、ただし、各国で定義は様々）を意味するにすぎなくなった。したがって、しばしば日本ではマイナスのイメージを持つ正規、非正規の区分自体がそれほど重要な意味を持たなくなっている。

　特にオランダではそうである。1996年にいち早く労働法を改正し、パー

トタイム雇用とフルタイム雇用との平等な待遇を決めた。この法律によってパートタイム雇用者にも同じ仕事なら同等な時間給の保障、あるいは失業保険や年金など社会保険への加入や労働時間に応じた年次有給休暇取得の権利などが保障されることになった。さらに、2000年の「労働時間調整法」によって、労働時間を自ら調整することやパートタイムとフルタイムの自由な選択・移動が権利として保障されることにもなった。

　もちろん、EU全体で見ればパートタイム雇用がフルタイム雇用と同等化しつつあるとはいえ、問題も多い。一般にEU全体で見ればパートタイム雇用の約半数は、金銭的理由で「もっと働きたい」と願っているという。しかし、その希望はかなえられていない。雇用する側は、経営状態や営業時間などに応じて雇用を自由に調整したいからである。自発的に労働時間を選択できないこうした「非自発的パートタイム雇用」はいま、「過少雇用 underemployment」と呼ばれ、スウェーデンを始め多くの国で問題にされつつある。特に女性にこうした雇用が多く、現在「男女平等」の立場から多くの批判が出されてもいる。

　では、日本ではどうか。非正規雇用のうち日本では、パートタイム雇用が約70％を占めているのだが、その多くが任期の定められた不安定な雇用であり、こうした雇用はパートタイム雇用全体の6割を占めている。しかも、オランダに典型的に見られるような同一労働（価値）同一賃金ではなく、正規雇用（正社員）との間に時間給から見れば大きな格差がある。また、各種の社会保険の加入も権利として認められているが、現実は厚生・共済保険の加入率はパートタイム雇用で22.6％、派遣雇用で49.9％、であり、正規雇用の89.3％から見ればはるかに低い。特に、パートタイム雇用が多い29歳以下で見るとパートタイム雇用者の加入率は19.4％でしかない（『平成18年版　労働経済白書』）。

　こうした非正規の拡大が、失業とともに雇用不安と格差の原因の大きな要因となっているのである。特に、パートタイム雇用における女性の割合の高さは、ジェンダー平等にも関わる問題である。また、15〜34歳の若年層の

パートタイム雇用者は、特に「フリーター」と呼ばれ、その数は2005年に206万人（対年齢人口比11.2%）となりこの5年間で約4倍に増加し、複雑な社会問題を引き起こしつつある。

労働力の女性化　女性の労働市場への参加も雇用の場で起きている大きな変化の1つである。北欧諸国では、すでに1970年代から女性の労働力率（労働力/女性総人口、15～64歳）は70%を超えていた。他のEUやOECD参加国の労働力率も1980年代に入り変動はあるが確実にその数値は上昇している（表Ⅲ-2を参照）。

「労働力の女性化」（竹中2001）現象ともいうべき、こうした女性の労働力率の上昇がなぜ起きたかについては様々な理由が挙げられている。少子化や品質の高い電化製品の普及などによる家事労働の軽減化、サービス経済化がもたらす比較的簡便な仕事の増大、消費構造の変化による補助的家計の必要性、あるいはまた高学歴化の中での女性の意識の変化などである。しかし、特に重要なのは女性が働くということが当たり前だという社会意識・価値観が広がる中で、働きやすいような制度が意識的に整備されてきたことである。そして、オランダや北欧ではそうした環境が、保育施設の拡充、労働時間の

表Ⅲ-2　各国の年齢別労働参加率

（単位：％）

年齢階級	アメリカ	ドイツ	オランダ	スウェーデン	日本
15～19歳	44.8	26.5	58.9	36.1	16.6
20～24歳	70.7	66.7	80.1	62.8	69.4
25～29歳	74.4	74.6	84.8	80.0	73.4
30～34歳	73.8	78.1	80.1	83.3	60.3
35～39歳	74.5	79.5	77.1	85.5	63.1
40～44歳	77.4	82.3	77.2	87.9	70.3
45～49歳	78.6	81.5	76.9	87.9	72.5
50～54歳	74.7	75.4	64.5	85.2	68.1
55～59歳	65.5	59.8	44.3	79.1	58.9
60～64歳	45.3	17.5	15.4	56.1	39.4

出所）『平成17年版　労働経済白書』より

短縮、育児休業制度や児童手当の充実、また育児後の職場復帰支援といった「ワーク・ライフ・バランス」政策として典型的に制度化されてきた。社会意識の変化と、こうした政策が女性の労働市場への参加を促してきたのである。

では、日本ではどうか。日本においても例外ではない。日本においても「労働力の女性化」が進んでいる。15〜64歳人口における労働力率は、1983年に57.2％だったのが2003年で60.2％となっている。それは、もっとも労働力率が高い25〜29歳層を見れば、73.4％にも達している（『平成17年版労働経済白書』）。しかし、問題は育児期の年齢層では約60％に低下することである。この育児期の年齢層での労働力の低下は日本に固有の特徴となっており、いわゆる「M字型カーブ」と呼ばれ、近年このカーブはなだらかになりつつあるものの、EU諸国のように「台形」、あるいは「山型」カーブとはいいがたい。

女性の年齢階層別労働力率が「M字型カーブ」を描くのは、ではなぜか。そこにはいくつかの理由があるだろうが、いわゆる「ワーク・ライフ・バランス」政策が十分でないということが決定的に重要だといえる。

無業者の存在　雇用の場で起きている変化のいまひとつのことは、労働市場にそもそも参加する意欲をなくした層が増えていることである。特に「就業してもいず、就学してもいない青年」を「ニート not in education, employment or training」とか「若年無業者」（15〜34歳）と呼び、近年、大きな社会問題となりつつある。日本の「ニート」の人数は2004年で64万人、それは2001年に49万人であったのでわずか3年間に約1.5倍増加した。もちろん、これは日本だけの現象ではない。先進諸国全体の問題でもある。OECDの定義による若年人口（15〜24歳）で見ると、その占める「ニート」の割合は2002年で約15％、その割合が低いオランダでは6.3％となっている。

こうした「ニート」の増加の理由は、中途退学などによって中学や高校で

培うべき学力や社会力が不足し、「雇用確保力 employability」が十分形成できず「学校から雇用」へとスムーズに移行できない層が増えていることである。そうした層は長期失業を経て、就業の意欲を失くしていくことになる。そして、このことが問題なのは、雇用への意欲の喪失が社会への参加への意欲の喪失にも繋がっていくことである。

3. 労働世界や社会に与える影響

　上記のような雇用の場でいま起きている変化は、では労働世界に、また社会にどんな影響を与え、変化を強いているのだろうか。日本を中心にして見てみよう。

　労働市場弱者の拡大　　その変化の第1は、「労働の二極化」である。すでに上記で見たように、恒常化する失業と、雇用の柔軟化あるいは多様化が雇用者・労働者にとって不安定・不利益な雇用を拡大しつつある。そのことが「労働市場弱者」ともいうべき層を労働世界に生み出し、「質のいい雇用」を保障されている層との差を拡げている。ここで「弱者」となっているのは、若年層であり、女性であり、障害者である。特に教育水準の低いそうした層である。そうした層は、「無安定階級」ともいうべき新たな階級を形成しているかのようである。EUでいえば、さらに「イミグラント」と呼ばれる外国人移住者が、またこの層の大きな部分を占めている。

　労働時間の分極化　　では、「労働市場弱者」以外の正規雇用者は、本当に「質のいい雇用」を保障されているのだろうか。必ずしもそういえない事態が生まれている。雇用の柔軟化は、一方で非自発的な「過少雇用」を生み出すとともに、他方で正規労働者の労働時間を弾力化させ、長時間労働をすなわち「過剰労働」を生み出しつつあるからである。

　ドイツやフランスに典型的に見られるように、これまで多くの国で労働時

間の短縮が追求されてきた。しかし、現在、労働時間をめぐって政労使の対立がある。フランスでは2005年、労使の激しい対立の中で週35時間労働を見直し、それを弾力的に運用する法案が通過した。OECD全体としても残業規制の緩和や労働時間の弾力的運用の中で労働時間が長くなりつつある。

　日本においては、それがもっとも顕著である。一般的に見れば1988年に総労働時間が約2200時間だったのに、バブル崩壊以降また少し増加しつつあるとはいえ、2003年では1975時間へと減少し大きく改善されてはいる。しかし、オランダは2002年で約1360時間、スウェーデンでは約1600時間であることを見れば、これがいかに長時間労働であるかが分かる。

　しかも、この総労働時間は平均であって、労働実体を必ずしもそのまま反映するものではない。総労働時間を多少とも改善させた主たる要因は、35時間以内の非正規雇用者が増加し平均を下げたからに他ならない。現実は、正規雇用者の労働時間がむしろ増加しているのである。事実、週60時間を超える正規雇用者の比率は、1995年の11.3%から2004年の14.6%へと大きく拡大しているのである（『平成17年版　労働経済白書』）。

　こうした傾向的な労働時間の増加が、身体の疲れやストレスをもたらすことは容易に想像できる。2002年では、61.5%の人が仕事にストレスを感じていた。それは、1982年と比べると10.9%の増となっている。「過労自殺」という言葉もまた近年生まれている。特に問題なのは、家庭生活において育児年齢層にあたる30代男性の4人に1人が60時間を超えていることである。そして、その層に特にストレス度は高い（同上）。しかも、この層の長時間労働は、後述するようにその年代が育児年齢層だけに女性の雇用や出産・育児に重要な事態をもたらしていることは容易に想像できる。その層は「ワーク・ライフ・コンフリクト」が、もっとも深刻な世代となっており、それは結果的に少子化の1つの原因ともなっていると予測ができる。

　このように一方での長時間労働、他方での「非自発的な過少雇用」、こうした労働時間の二極化は、それぞれの層に不安定さをもたらしているのである。

相対的な貧困　雇用の場の変化は労働世界に変化をもたらしているだけでなく、社会に対しても大きな変化をもたらしている。所得格差の拡大であり、貧困問題である。

まず、貧困について見てみよう。貧困という言葉は、日本ではすでに死語になっている感がある。なるほど絶対的貧困（世界銀行や国連開発計画の定義では1日1ドル以下の収入しかない層）は、OECD諸国や日本ではほとんど問題ではない。とはいえ、困窮、疾病、無住居といった生活苦に悩む層はOECD諸国においても確実に増えている。しかし、問題は相対的貧困である。

人々が貧しいと感じるのは相対的なものであり、その際特に重要なのは社会の中で誇りと尊厳を持って生きていけるだけの生活を維持できているかどうかが決定的に重要となる。維持できていない層は相対的な貧困状態にあるといえる。一般に、こうした貧困を相対的貧困といい、OECDではこうした相対的貧困世帯を所得中央値の半分以下の所得しか得られない世帯と定義し、相対的貧困が相変わらず社会にとって大きな問題であると結論している。それは、人々を社会から「排除」する大きな要因の1つだと見ているからである。

OECDによると、OECD諸国全体での貧困率の平均は、2000年で10.4%（人口比率）。そして、日本のそれはなんと15.3%であり、OECD（24カ国）の中で高い方から見て第5位を占めている。またどの年齢層も平均して高く、若年層（18〜25歳）においても16.6%を占めている。ちなみに、オランダでは6.0%、スウェーデンでは5.3%であり相対的に低い。いずれにしても貧困という言葉がいま蘇りつつあることは確かである。

格差社会の出現　こうした貧困層の存在は、不可避に社会に所得の格差拡大をもたらすことになるだろう。あるいは貧困層の存在自体が所得格差をまた反映したものであるともいえる。

さて、一般に所得格差を示す指標としてジニ係数（不平等を0から1までで表す指標で、1に近いほど不平等、0に近いほど平等）が使われる。OECDによると、

等価可処分所得（個人ベースの所得）によるジニ係数は日本が 0.314 で、OECD 加盟国中メキシコ、トルコ、アメリカ、イギリスなどとともに高位グループに入る。他方、オランダは 0.251、スウェーデンは 0.243 で低位グループに入り、その差はきわめて大きい（表Ⅲ-3 を参照）。また、確実にこのジニ係数は一部の国を除き、徐々に大きくなってきているのである。

ジニ係数を当初所得（社会保険費や税を引き去る前の所得）で見る場合と、再分配所得（上記分を引き去り、社会保障給付を加えた可処分所得）で見る場合があるが、一般的には当初所得のジニ係数はどの国でも高くなりつつある。それは失業の恒常化や雇用の多様化あるいは労働の二極化が拡大している結果を反映するものである。しかし、再分配所得におけるジニ係数は、社会政策によって操作できるものである。北欧のように就労支援と生活保障に積極的であり、税控除や様々な社会保障給付（失業手当、生活保護給付など）によって低所得者の可処分所得を引き上げるといった社会政策が十分におこなわれている国では、ジニ係数は低くなるだろう。

このように、所得格差の拡大は、現在多くの国に見られる傾向だが、雇用政策、あるいは社会政策によってその緩和がはかられるかどうかは各国によ

表Ⅲ-3　各国の等価可処分所得ジニ係数の増加

国＼年	2000 年	1980 年代央-1990 年代央の増加率	1990 年代央-2000 年の増加率
フランス	0.273	0.3	−0.5
日本	0.314	1.7	1.9
メキシコ	0.467	6.9	−4.1
オランダ	0.251	2.1	−0.4
スウェーデン	0.243	1.4	3.1
イギリス	0.326	2.5	1.4
アメリカ	0.357	2.4	−0.5
OECD 20 カ国平均	0.308	1.8	0.2

注）OECD 20 カ国は、OECD 25 カ国からハンガリー等を除く
出所）OECD *Social, Employment and Migration Working Paper*（2005）

って違い、それは政府の政策に関わることである。現在、日本において所得格差が深刻な問題であるかどうかに対して賛否両論の議論がある。内閣府は、格差の原因が「もともと格差が大きい高齢世帯が増えたためで、(それは)見かけ上のことにすぎない」という見解を 2005 年 1 月に発表し、政策的な取り組みを放棄している。なるほど高齢者世帯でそれは高く、全体のジニ係数を引き上げていることは確かである。

しかし『全国消費実体調査』(総務省統計局、2004 年)が年齢別世帯のジニ係数を公表しているのでそれを見ると、ジニ係数は 30 歳未満でもっとも急激に上昇 (1989 年 0.214 から 2004 年 0.237 へ) し、むしろ 60 歳代以降は減少していることが分かる。したがって、高齢者によるジニ係数の高さへの寄与率は大きいとはいえ、格差拡大傾向は労働力人口層である 15〜65 歳層で確実に広がっている。特に若年層の格差状況は深刻なのである。

こうした事態は、明らかに先に見た若年層の非正規雇用・フリーターや若年無業者の増加によるものである。ちなみに、2003 年でフリーター (15〜35 歳) の平均年収は 102 万 7000 円、それに対して正規雇用の男性の平均年収は 394 万 7000 円で、実に 3.8 倍になる (『エコノミスト』2005 年 5 月 31 日号)。

しかもこの格差は、固定化しつつある。なぜなら離職者に占める非正規雇用から正規雇用への転換は 1990 年に 26.2% だったのが、2004 年では 17.2% へと減少し、いったん非正規雇用になると、キャリア形成による不利、あるいは社会的偏見などでそこからの脱出は困難になるからである (『平成 17 年版労働経済白書』)。「非正規雇用の罠」ともいうべき事態が生まれているのである。したがって、こうした層が中年になったとき、引き続きフリーターである確率が高い。日本ではきわめて近い将来、「中年フリーター」問題が浮上する可能性が大きいのである。

これは、社会がもはや個人の努力だけでは解決できない「格差社会」となりつつあることを物語っている。戦後高度成長期、ほとんどの日本人は自分を中流階級だと意識した。現在もその比率は他の国より高く、自国を平等な社会だと意識している。しかし、近年、格差が拡大し、しかもそれが固定化

しつつあり平等な社会が崩れつつあるのも現実である。

　社会結束の危機　失業、雇用の多様化あるいは労働世界の二極化といった事態は、このようにいま社会に経済的な格差をもたらしている。しかし、社会にとって問題は、こうした格差が社会結束の危機をもたらすことである。
　産業社会の特徴は、勤労が所得に結びつき、それが生活を保障するとともに人々に社会的な身分と尊厳とを保障していたことである。勤労は生活の糧であるとともに、人々に誇りと自尊心をもたらす源でもあった。またそれは社会に各人が市民として承認される要因でもあった。人々は勤労を通して社会に貢献することによって互いに市民として承認し合い、「信頼と寛容」の心を育みながら社会結束を深めてきた。もちろん家族を持つことも勤労に携わっていてこそ可能なことである。
　戦後福祉国家は、完全雇用を実現することによってより一層こうした勤労観を育み、またそのことが人々の絆を深め、社会結束を強めてきたのである。逆にまたこうして実現された社会結束が戦後福祉国家の寛容な社会政策をまた容認してもきた。そこで前提となっていたのが、もちろん勤労が男性に代表され、女性は家族の一員として社会に参加していくという「男性中心の社会」であったことは批判的に確認しておくべきだろう。その上でなお、この時代が従来にない社会結束を実現してきたことは確かである。
　しかし、その社会結束がいま危機にある。失業は勤労からの脱落を意味し、社会からの脱落を意味するからである。それは、人々から自分の潜在能力を実現する機会を奪い、また家族生活を築く機会や、社会に受け入れられる機会を奪うからである。失業者は、社会の一員としてのアイデンティティを失っていくとともに、社会もまた社会に貢献しないそうした失業者を社会の一員として受け入れることに消極的となっていく。EUはこうした事態を「社会的排除 social exclusion」として表現し、その対策の重要性を訴えている。
　では、就業していればいいのかというとそうでもない。たとえ就業していても不安定・不利な雇用もまた「社会的排除」に至る入り口ともなる可能性

は高い。「無安定階級」は、失業の危機に立たされているからである。しかし、問題は失業の危機というだけではない。不安定雇用は格差を広げ、それを固定化しながら人々の間の絆を脆弱なものにしていくからである。なぜなら、格差は人々の間に一方で嫉妬心や自分への卑下の心を呼び起こし、他方で傲りや驕慢の心を呼び起こし、社会から人々の「信頼」と「寛容」の心を希薄にさせていくからである。「格差社会」は、一方で社会病理現象を増加させていくと同時に、他方で人々の間の「社会結束」を弱め、「不安社会」を生み出していくのである。

　特に不安定な雇用の中心をなす若年層の希望喪失は深刻である。若年層の希望喪失は、社会から明るさと活力を奪っていくからである。

進む少子化　　雇用と労働世界の変化は、これまで見てきたように社会に様々な影響を与え、また変化を強いている。現在、大きくクローズ・アップされている少子化傾向もまたこうした変化が強いた社会の現実である。

　出生率の低下傾向が始まった1980年代には、その原因がこの当時から拡大していった「労働力の女性化」、いい換えれば「女性の社会への進出」に求められていた。女性の労働力率と出生率には負の関係があると考えられていたのである。しかし、近年、それは疑問視されている。なぜなら、オランダやスウェーデンでは女性の労働力率が高いにもかかわらず、出生率は、2003年に1.75、またスウェーデンでは2002年に1.65となっており下げ止まり傾向を見せているからである。むしろ労働力率が低い日本で1.29（2004年）と低く、それは下げ止まってはいないからである（『少子化と男女共同参画に関する社会環境の国際比較報告書』内閣府、2005年）。

　では、そもそも一般的な低下傾向の原因はどこにあり、特に日本では何が大きな要因となっているのだろうか。しかし、実はこれに対して解答することは容易ではない。女性の高学歴化によるキャリア志向、晩婚化、教育費の負担増など様々な要因があり、特に特定できないからである。しかし、少なくともいえることは不安定な雇用の拡大、女性が育児と両立できないような

労働のあり方、労働の場での男女の差別といった労働世界に起きている変化が少子化の重要な要因であることは確かである。

オランダ、スウェーデンでは、少子化の中でいち早くその対策に取り組み、それを先に見たように「ワーク・ライフ・バランス」政策として展開した。そして、こうした政策とともに、女性が働くことが自然であり、また家庭・市民生活を男女ともに等しく負担・享受することが自然であるという社会的合意の形成も意識的に追求された。これらのことが、雇用と労働世界の変化を緩和し、また変化にもかかわらず、オランダやスウェーデンで少子化を食い止めることができた重要な要因であることだけは確かである。

しかし、日本の場合、少子化に対する対応は遅れている。多様化し、不安定化する雇用と労働世界のいまの変化をむしろ助長しているからである。働き盛りの年齢層の長時間労働、経済的理由で結婚や出産を遅らせざるを得ないフリーターの増加など、結局それらは少子化を促し、また「ワーク・ライフ・バランス」政策の不十分さがさらにそれに拍車をかけている。

4. 危機への対応

このように雇用と労働世界の変化は社会に大きな変化をもたらしている。そこでは、失業が恒常的となり、また「労働市場弱者」が生み出されていた。特に若年層や女性がこうした状態に追いやられている。そして、こうした雇用と労働世界の変化は一方で人々の絆を壊し、いま社会結束を脅かしている。特に日本に顕著な「格差社会」は社会結束の危機をもたらしつつある。

他方でそれはまた、世界的に社会に少子化という名の将来の経済や福祉国家のあり方を左右しかねないきわめて人口学的な問題をもたらしてもいる。

多くの国々はいまこうした社会の危機の中で、新たな対応を迫られている。ここでは、オランダやスウェーデンを含むEUの対応を見ながら日本の課題について見ていこう。

「包含社会」を目指して　　まず確認しておくことがある。それは、EUでは雇用政策が社会政策と不可分の関係にあるということである。EU社会政策においては、すべての人が社会から脱落することなく社会に参加でき、自己の潜在能力を実現できる社会を「包含社会 inclusive society」として定義し、そうした「包含社会」、いい換えれば「社会的排除のない社会」を実現することが社会政策の目標だとされた。そして、人々が可能な限り経済活動に参加する「包含社会」こそ、社会結束の固い「活力ある社会」だと捉えられていた。具体的に強調されたのは、①より多くの、より質のよい雇用、②労働の柔軟化と安心保障との新たなバランス（flexicurity）、③あらゆる形態の社会的排除との闘い、④社会保護の近代化、⑤ジェンダー平等の促進、などである。

さて、これらの具体的な目標を見て次のことに気がつくだろう。それは、「社会的排除」を克服するためには、何にもまして人々の労働市場への参加が不可欠だと理解されていることである。教育や保健・医療といった社会の様々な資源や制度にアクセスできないこと、あるいは尊厳を持って生きられないことなど「社会的排除」には様々な形態があるとしても、ともあれもっとも重要なのは人々が経済活動に参加し、自ら所得を得ることからすべてが出発するのだと認識されていることである。

したがって、社会政策は社会的に脆弱な人々、いい換えれば「社会的弱者」に対する「保護」といった社会福祉関連の政策とともに雇用政策との関連が特に重要な位置を占めることになる。ちなみに、日本でも「厚生省」と「労働省」が統一され、「厚生労働省」となったのも、こうした世界的な流れの一端を物語るものである。

「完全就業」を目指して　　人々が可能な限り経済活動に参加する「包含社会」こそ、社会結束の固い「活力ある社会」であるという社会政策の新たな目標は、雇用政策にも反映することになる。

1997年のルクセンブルグ・サミット、さらに2000年のリスボン・サミッ

トは、EUの雇用政策をまとめるにあたって特に重要な会議であった。そこでは、雇用政策の目標が「完全就業 full employment」に置かれた。戦後福祉国家が、「完全雇用 full employment」を福祉国家の基礎の1つとして目指したことは周知のことである。

しかし、完全雇用の概念は就業の意思を持つ者のみを対象としてその雇用を実現するものである。だが、現在、社会が直面する問題は就業の意思を持つか持たないかに関わらず、人々を労働市場へと誘うことである。なぜならば、それは社会政策ですでに確認されたように人々を社会に参加させ、「包含社会」を実現するための前提条件だからである。したがって、同じfull employment という言葉に新たな意味を込め、いま社会が抱える現実の前でこの言葉を使うことになる。では、「完全就業」に向けて一体どんな雇用政策が必要なのか。

こう問う中で出された答えが、第1に「活性化政策 activation policy」といわれる「就労支援政策」であり、第2に「ワーク・ライフ・バランス」政策である。

福祉から就業へ　「活性化政策」の意味は読んで字のごとく、人々を生き生きと労働市場へと参加させるための様々な政策の総称である。特に重視されるのが、積極的労働市場政策といわれもので、スウェーデンではすでに1970年代から実施されてきた政策である。それが新たな装いでEUを始めOECD諸国に広がっていく。そして、それを新たに「活性化政策」と呼ぶようになった。端的にいえば、それは失業者や無業者などに対しこれまでの福祉国家が取ってきた受身的かつ寛容な現金給付に代わり、教育・訓練など就労のための支援をむしろ積極的におこなう政策である。「福祉から就労へ welfare to work」が、ここではスローガンとなる（宮本 2004）。

こうした「福祉から就労へ」の政策では、労働市場への参加こそが人々に所得をもたらし、また人々を社会に包含する王道だと捉えられている。したがって、この政策では就労を促すためには福祉給付に対する厳格な態度もや

むを得ないとも考えられることになる。

　では、日本ではどうか。日本では、他の国と比較して失業率が低いためか、就労支援の重要性がまだ深刻には受け止められていないかに見える。したがって、それが社会政策の課題でもあるとはまだ十分に受け止められてはいない。しかし、「社会的排除」問題が、きわめて近い将来日本においても大きな課題となることは十分に認識しておくべきであり、欧米から学んでおくべきことは多い。

　仕事と生活の調和 work-life balance　雇用政策として、いまひとつ追求されたのは上記で見たように「ワーク・ライフ・バランス」政策である。それは、少子化に対応するための家族政策でもあり、また女性を労働市場に参加させ、社会に包含するための社会政策でもある。また、それは正規雇用と非正規雇用との格差を経済的にも権利の面においてもなくす政策でもある。

　さて、女性の就労へのインセンティブでまず重要なのは、いうまでもなく女性であることによる不利や差別をなくすことである。したがって、職場における均等・平等政策（雇用機会、賃金、そして昇進機会の平等など）がその中心となる。他方で、スウェーデンやオランダで典型的に見られる家族と仕事を両立させるような男性も含めた「社会環境」をつくる政策も重要である。いわゆる上記で見たような「ワーク・ライフ・バランス」政策である。ここでは、各人のライフ・ステージに応じた労働時間の柔軟な配分の権利、あるいはパートタイム労働とフルタイム労働とが同等な社会的権利を持つものとして自由に選択できる権利などを享受できることが決定的に重要なこととなる。このことは、女性の就業を促すだけでなく、正規雇用と非正規雇用との格差をなくすものであり、両性にまた人生を享受する時間を与えるものである。

　日本においても、近年、この政策の重要性がクローズ・アップされてきた。とはいえ、それは、まだ少子化対策という狭い目標からだけ見られており、必ずしも「格差社会」をなくし「安心社会」、「活力ある社会」を目指すという大きな視点から捉えられてはいない。したがって労働時間の短縮の面でも、

権利の面でも法的な制度化が遅れている。

5. 新たな課題

　これまで、われわれは雇用と労働世界に起きている厳しい現実と、それが社会に与えている影響について見てきた。われわれは、いま雇用の場から、また、たとえ雇用されたとしても安定した労働世界から「排除」された人々が増えつつある「分極化」した社会に生きているのである。それは、人々の絆を壊す「不安社会」でもある。

　そうした現実の中で雇用への参加、また安定した労働世界をつくり出すことこそが、人々を社会に「包含」し、「活力ある社会」あるいは「安心社会」を生み出すもっとも重要な要因だとして雇用政策が社会政策の中心に位置づけられ取り組まれてきた。特にEUにおいてそうである。

　しかし、こうした政策ははたして各国が目指している「信頼と寛容」に裏づけられた「社会結束」の強い「安心社会」、いい換えれば「包含社会」を生み出す道となっているのだろうか。最後にこの点についてふれながら、「安心社会」、いい換えれば「活力ある社会」を目指す別な政策の可能性についても見ておこう。

　失業は克服できるのか　　まず、現実認識の問題がある。「活性化政策」という「就労支援政策」は、失業が克服できるものと仮定しているかに見える。しかし、はたしてそうか。1970～1980年代には約2％という低い失業率を誇ってきたスウェーデンでさえ1990年代になって失業率は上昇し、現在、政府は失業率4％を目指すという政策目標を掲げざるを得なくなっている。そこには、もはや従来のような低い失業率は困難な時代に入っているとの認識がある。われわれは、「大失業時代」(リフキン 1996)とはいわないまでも失業が恒常的に前提となった社会に入りつつあるのではないか。

　基本的には少子化傾向が続き、近い将来労働力不足問題が起きるといわれ

ているとはいえ、雇用への明るい見通しを持つことは難しい。グローバル化は企業に自由な「立地点」移動を促し、それは国内における雇用圧迫の要因となる。また生まれつつある知識基盤型経済社会は現在のところ雇用吸収力がそれほど強い社会とはいえないだろう。さらにグローバル化は外国人労働者の増加を促し、それは国内の雇用にまったく無関係だとはいいがたい。

　したがって、もしそうだとするならば、人々に労働市場への参加を促すこと事態に限界があるのではないか。もちろん、人々の就労支援のための「活性化政策」は必要である。それは、就労を願う人々の選択の幅を広げるからである。また、彼らに所得を保証し、「社会的排除」のもっとも重要な要因を取り除くからである。そして、そうして得られる安定した生活は社会の不安を和らげ社会結束を促すだろう。しかし、こうした就労支援自体に限界があることも考えておくべきである。

　社会への参加と「勤労主義」　では、「安心社会」をつくるために就労支援とともに何が重要なのだろうか。ここで留意すべきは、就労支援という政策の背景には就労こそが人々が社会に参加・貢献する唯一の道だという価値観があることである。もちろん、ここでいう就労は民間企業や公的機関で働き、「所得に結びつく労働 paid work」に就くことである。

　産業社会では、「働いてこそ一人前」であり、それが「社会人」になることだという、いわゆる「勤労主義」を育んできた。「働かざるもの食うべからず」という格言は、産業社会を貫いてきた強固な価値観である（ドーア 2005）。しかし、社会に参加・貢献するということは「所得に結びつく労働」に就くということだけではない。社会への参加の道は多様である。所得に結びつかない社会活動、あるいは家事労働もまた社会への参加・貢献の形である。近年、NGOとかNPOといった社会的ネットワークに活動の場を求め、それに専心する人も増えてきた。それはまだ、安定した所得に直接には結びついていず、社会的にいわゆる就労とはなかなか受け止められることはない。しかし、こうした活動もまた就労なのである。問題は、こうした活動が狭い「勤

労主義」という価値観の中で正当に評価されていないことであり、またそれに対する価値の分配が社会的に正当に合意されていないことである。

家事といった「支払われない労働」や、市民組織での活動などもまた、「活力ある社会」の形成にとって重要な一要素であり、そうした就労もまた評価され、正当な賃金が、あるいは「市民所得」（篠原 2004）という形での価値の分配が社会的になされるべきなのである。

「安心社会」を考える　勤労主義はまた働くことを優先させ、家庭生活や日常生活を軽んじてきた。しかし、現在、家族生活や社会生活を享受したいと思う人々が増えている。豊かな「ライフ・生活」を多くの人は求め、そこに人生の意味を見出そうとする人が増えている。「ワーク・ライフ・バランス」政策は、そうした人々が増えたことに対する対応でもあった。

そして、逆にこの政策の広がりは、人々にこれまでのような単純な「勤労主義」を見直すきっかけを与えているかに見える。この意味では、「ワーク・ライフ・バランス」政策は、就労政策であるとともに、「勤労主義」に対する自省的な政策でもある。

同じく「勤労主義」といっても、EUや、特にエピソードで見たスウェーデンやオランダと違い、勤労が権利というより社会への義務であるといった意味でのそれがきわめて強い日本においてさえ、近年の意識調査では仕事志向の割合が減少し、余暇志向の割合が増えている。また、仕事といっても「世の中のためになる仕事」への志向が増えている。日本においても現在関心が強くなっている「ワーク・ライフ・バランス」への取り組みが進めば、さらにこうした傾向が顕著になっていくだろう。

狭い意味での就労や「勤労」だけが社会にとって価値あるものではないし、人々の「人生」でもない。各人の人生はもっと多様であり、それぞれの活動が社会にとって意義あるべきものなのである。そして、そうした活動が評価され経済的にも保障されること、また、そうした人生が不安なく自由に選択できること、そこにこそ「活力ある社会」、あるいは「安心社会」の基礎が

ある。

　現在、社会が「安心社会」でないのは、何よりも雇用と労働世界に起きている二極化が経済格差や「社会的排除」を生み出し、社会結束の危機を社会にもたらしているからである。そして、こうした現実に対して各国が取り組んでいる対策が就労支援のための「活性化政策」である。あるいは少子化対策をも含む「ワーク・ライフ・バランス」政策であり、平等性の上に立つ働き方の選択可能性を保障することである。

　しかし、「安心社会」を生み出すためには、「格差」を生み出さない就労支援だけでなく、産業社会に固有な「勤労主義」そのものに対する見直しも重要である。だが、問題は「勤労主義」を単純に否定することではない。重要なのは狭い意味での就労と家事や社会での活動の選択可能性が常に人々に開かれていることである。そして、そうした選択を認め合い、社会的、経済的にそうした選択を保障することである。そうしたことが可能な社会こそ人々が生き生きとした「活力ある社会」であり、人々が安心して暮らせる社会なのである。

　最後に、話を始めに戻そう。さて、オランダ、スウェーデン、日本人たちのとりとめのない会話は続き、それぞれの連れ合いの話となった。スウェーデンのビジネスマンの連れ合いは仕事を辞め、ボランティア活動をしたいと最近いい出したという。そしてまたリフレッシュしたら仕事を探すという。もちろん安定した仕事である。日本のビジネスマンは、こうした選択が自由にできる社会に大いに感心した。彼は、連れ合いに「うち」にいてほしいと思うと同時に、育児と家事のために会社を辞めざるをえなかった連れ合いに後ろめたさを感じているからである。働く友人が多い妻も働いていないことに少々の後ろめたさを感じているようだという。しかし、オランダのビジネスマンは日本人の連れ合いがまず後ろめたさを感じることが理解できなかった。育児も立派な仕事ではないのかと考えるからである。また、再び働きたくてもそうできない社会、あるいは安定した仕事が得られない社会はおかし

いともいう。安心に選択ができる社会こそよき社会だと彼は考えるからである。何よりも理解できないのは彼が自分も育児に参加できないような働き方に対して怒らないことだという。

　さて、ここにはわれわれが考えるべき多くのことがあるのではないだろうか？

【参考文献】

　OECD　2005 *Social, Employment and Migration Working Paper*
　『エコノミスト』「特集：娘、息子の悲惨な職場」毎日新聞社、2005年5月31日号
　熊沢誠　2005『女性労働と企業社会』岩波新書
　厚生労働省　2005『平成17年版　労働経済白書』日本労働研究機構
　厚生労働省　2006『平成18年版　労働経済白書』日本労働研究機構
　篠原一　2004『市民の政治学――討議デモクラシーとは何か』岩波新書
　白川一郎　2005『日本のニート・世界のフリーター――欧米の経験に学ぶ』中公新書ラクレ
　総務省統計局　2004『全国消費実体調査』総務省
　竹中恵美子編　2001『労働とジェンダー』明石書房
　塚口淑子　2005『スウェーデンの女たち』北樹出版
　ドーア，R. P.（石塚雅彦訳）　2005『働くということ――グローバル化と労働の新しい意味』中公新書
　内閣府　2005『少子化と男女共同参画に関する社会環境の国際比較報告書』内閣府
　宮本太郎　2004「就労福祉・福祉・ワークフェア――福祉国家再編をめぐる新しい対立軸」鈴村興太郎他編『福祉の公共哲学』東大出版会
　森岡孝二　2005『働きすぎの時代』岩波新書
　リフキン，J.（松浦雅之訳）　1996『大失業時代』TBSブリタニカ

第4章

消費社会がいま直面していること

消費と環境　消費が生み出す意義と問題は限りなく多く、大きい。消費生活から見た現代社会は、一方では、商品の購買を通じて得られる、かつて考えられなかったほどの豊かさを享受する現在の日本のような社会が実現し、その中で人々は自然環境に負荷を日々加えていることを自覚しながらも、この豊かさを手放すことに恐怖さえ抱いている。そして生きる実感やアイデンティティを確証しようと、さらなる豊かさを求めて新たな社会問題を生むに至っている。

　他方では、豊かではないどころか飢餓にさらされている社会も多く存在する。この豊かな消費社会以外に到達すべきモデルを持たずにおこなわれるそこでの人々の日々の努力が、現在の豊かな社会の側が用意したグローバル化の中に構造的に組み込まれ、目指す意図とはかえって反する結果を生み、国際社会に軋轢を生んでいる。その中で「離陸」した社会が現れたとしても世界的に見れば、困難な問題は増えこそすれ、減りはしないだろう。

　資源・環境問題が消費生活と関連づけられて論じられるようになって久しい。一部の豊かな社会がこのままの消費水準を維持するだけでも地球には限界が来ると警告されてきたにもかかわらず、消費の量はおろか、それに伴って排出され、堆積される廃棄物（有害物質も多い）の量も減ってはいない。これらを地球規模で縮減させることは、われわれの子孫や歴史に対する避けて通れない責任である。地球温暖化を防ぐための温室効果ガスの削減目標を数値として定めた1997年の京都議定書は、漂流の憂き目に合っているが、国

際的な合意として、従来の産業社会が想定してきた生産と消費の水準が縮減へと向かう以外に根本的には解決がないということを示している。

もちろん環境への負荷を軽減する様々な技術も模索されているが、新たな困難を随伴する場合が多い。したがってこのダウンサイズという課題に応えるようにわれわれは今後の消費社会のあり方を考えていかなければならない。

なぜこのような基本的にして重大な問題の解決への道のりが遠いのか。この問いに向き合うには消費が生産とともに経済活動だけでなく生命活動の根源をなすものであり、同時に人間の社会関係に深く関わっていることをまず認識しておかなければならないだろう。問題は消費の総量だけではない。

本章では、そのような関連に着目しながら、社会における消費を理論的に把握し、それがどのような現実の問題に直面する中でどのように思念され、また、どのようなイデオロギー的役割を担わされてきたかを歴史的にたどり、その結果としての消費社会の現況と諸問題を考えていく。

1. 生産と消費

生産と消費のバランス　経済行為においては生産と消費はそもそも表裏一体をなすものであった。人類の長い歴史を振り返れば、生産と消費の主体の同一性、両者の空間的・時間的な近接性という制限が保たれていた時代が圧倒的に長かったことはいうまでもないだろう。そして、生産したものをそのまま消費するということが基本であったから、量的には両者はほぼ等しかったが、生産の分量が生存、すなわち消費を決定づけていたという意味で生産が優位に立っていたといえよう。消費からの要請が生産へ向けられるというモメントは比較的弱かった。生産（者）＝消費（者）は戻ることのない過去の物語ではあるが、消費を考えるにあたって忘れられてはならない原点である。

確かに原点としての消費においては、生産に規定された生存としての「必要」が第一義であったが、生産や保存における技術の向上、商業の発達、遠

隔地貿易の発展などによってこの同一性、近接性という制限は徐々に取り払われていく。等号で結ばれていた生産と消費が切り離されていくということは、両者のバランスが社会的な規模で崩れていくことを意味する。それは社会の成立といってもいいが、ここから消費についても、ただ自己保存のためだけ、ということに限定されない新たな意味や性格が姿を露わにしていったし、その過程で現在に至るまでの消費問題が次々に生じてきた。それは当然、経済だけの領域に限らず、政治や文化とも関わって展開されてきた。

例えば、消費は権力の象徴や誇示としての「見せる役割」を早くから持たされてきたし、生存の必要に必ずしも関わらない欲望の発現という「隠される役割」をしばしば伴ってきた。しかしこれらの消費の私的・排他的な意味合いが、社会全体を巻き込んで広がり強まっていくのは、近代における産業社会の成立においてであり、それはなかんずく資本主義的市場の形成を意味した。ここにおいて、生産力を上げるという目的の下に生産と消費が脱局地化される傾向は必然的なものとなり、両者のバランスの崩れや相互の情報の不足が恐慌や不況を生み出した。

このことを経済理論として説明したのはマルクス経済学であったが、マルクスに限らず近代ヨーロッパの社会科学、とりわけA. スミスやD. リカードたちの古典派経済学、A. コントやH. スペンサーの総合社会学、M. ヴェーバーなどは例外なく生産の視点から経済社会を見ていた。生産力を上げることがこれらの社会理論家たちの自明の「善」であった。それは結果としてすべて人々によって消費されるはずだったからである（ただし、スミスだけが生産の目的は消費のためにある、と明言しているのは注目される）。

生産の優位と私的消費の罪悪視　消費の私的な性格はこの初期資本主義の時代において、生産量の増加に伴って強まっていったが、この過程で生産者の消費者に対する優位はさらに強まった。なぜなら、以前と同じく、生産量が絶対的に少ないという点に加えて、生産が機械化され、複雑になるにつれて生産物についての知識や情報が生産者の側に独占されていた、という事

情があるからである。そしてこの独占の有利さは現在の消費社会にも貫いているということはいうまでもない。

また、組織の面を見れば、例えばヨーロッパでは古くからギルドやツンフトといった生産者の団体が形成されていたが、資本主義の発展とともに企業や労働組合などが成長し、生産者としての社会的な力をますます強めていった。これに対して消費者は目立った組織的な力をほとんど持たなかった。あえていえば、昔の王侯貴族の社交界のなごりや、資本主義的成金たちのクラブなどを指摘できようが、それは本質的に全社会を巻き込む性格のものではなかったし、彼らが関わった消費は実生活の必要とはかけ離れた富や権勢の誇示としての性格が濃厚であった。

それどころか、この新たな産業社会においては消費を罪悪視し、抑制しようとする意識が底流にあった。有名な『プロテスタンティズムの倫理と資本主義の精神』を著し、プロテスタンティズムの倫理に起源を持つ資本主義の精神が生産倫理として、結果的に強力に作用したことを示したのはヴェーバーである。彼はその裏面として、プロテスタントたちが生産的な消費（再生産）のみに目を向け、浪費だけでなく消費のための消費も極端に嫌ったことを指摘している。利潤を再生産に向けるか、最終的消費に向けるかはさしあたり二者択一的である。この関係をプロテスタントたちは倫理的にこう解釈した。モノや時間の浪費や消費は、それだけで神の栄光を増す道具として位置づけたおのれの使命を忘却させる誘惑であり、その使命とは利潤を獲得するための生産的労働に全身全霊を傾注することである、と。こうして資本主義的生産活動を支えた「勤労と節約」が倫理的に重視されればされるほど、消費や浪費は非生産的な欲望と結びつけられて貶められることとなった。次節で見るように、アメリカの消費社会を分析したS.ユーウェンによれば、消費は語源的には結核を表現し、生存への行為に反する芳しくない意味を持っていたようである。

私的消費の秘密性　　人類の長い歴史を顧みると、生産については、それ

が神聖視されこそすれ、軽んじられたり罪悪視されたりすることは絶えてなかったといえるだろう。しかし生産の裏面である消費についてはこのように事態がかなり逆である。とりわけ、生存に必要な部分を越える消費については、ある種の後ろめたさのようなものがつきまとう。もちろん消費のすべてがそうだというのではない。独占的商業や遠隔地貿易で儲けた利潤は近代的資本の系譜に連ならないという論旨の流れの中でではあるが、ヴェーバーが生産的でない消費を中世の大商人のフッガーやメディチの社会活動で例示しているのは興味深い。彼らの消費＝道楽が貧民を救済し、ルネッサンス文化を花開かせたのであるから、見方によっては生産的な消費ともいえるだろうし、この限りで倫理的に賞賛されこそすれ、非難されるべき筋合いのものでもない。しかし、こういったことが、見栄や自己顕示欲という人間性の泥臭い欲望の部分へ、さらには他者への支配へと結びついていく経路もまた透けて見える。必要と欲望との線引きもかなり難しいが、他人の目による自己の承認というアイデンティティの獲得も欲望の面を持つし、また、他人の目から隠れて実現される恥ずべき（と思われる）欲望の充足も、主として貨幣を介した消費活動と密接である。この点を比較すれば生産活動とりわけ労働は、これもアイデンティティの獲得ではあるが、むしろ直接に欲望の充足に繋がるのではなく、ヴェーバーのいうように禁欲的な面が強い。

　資本主義における私的な消費の原資は、生産や流通を通じて獲得される貨幣であり、これにより個人は必要と欲望を充足させる。この消費が、直接に私的・排他的な欲望の実現に結びつけられている場合に、上に述べた後ろめたさという認識をしばしば伴う。それは物神的で「秘密」的なものであるからである。生産活動における私的・排他的な秘密は、貨幣として獲得される利潤を求める生産技術や情報に主に関わるが、消費におけるそれは必要よりも個人のなまの欲望に関わるものである。この意味で生産と消費の私的・排他的な性格は貨幣を媒介して繋がっている。また、私的消費が社会全体に意図せざる加害行為を引き起こすこともしばしばあるが、その関連を見えにくくする大きな原因として、この秘密性が関与する。そして消費財が社会に潤

沢にゆきわたるにつれて、この私的な欲望の充足の仕方も多様かつ複雑になっていく。これらの視点はこれから消費社会を見ていく基礎になる。

公共的な消費　このように消費には極端に私的な面があるが、同時に公共的・共同的な面を持っていることにも注意しておかなければならない。特に産業社会の成立と発達により都市化が進み、市民が同一の生活圏に近接して住むようになるとともに、消費に関わるこの公共的な意識が芽生え、成長してきた。具体的には建造物、交通、公園や広場、上下水道といった共通に消費するものへの利害関心である。生産の公共性というと、経済体制全体の問題に関わってくるが、この消費の公共性は日常生活の必要における利便性という身近なものから近年では環境全体に関わるものに広がってきた。消費水準の上昇につれて消費のこの面も重要性を増してくる。

2.　消費社会の到来——20世紀アメリカ

フォーディズムの成立　消費社会が到来するというのは、まずは生活の必要を満たす消費財が社会全体に確保されることが前提である。そしてそれに加えて、生産者の消費者に対する優位が崩れ、消費が必要や欲望の充足という従来の意味以上の内容を獲得することも前提になる。歴史上このことが実現し始めるのは20世紀初めのアメリカにおいてであった。

　ヨーロッパにおける生産と消費のアンバランスは周期的な不況を生み、ついには第1次世界大戦という破局をもたらす原因の1つになった。そして世界の政治経済の主導権がアメリカへと移っていく。しかし1929年の大不況により世界経済は大混乱に陥り、復興もままならないヨーロッパは再び世界大戦の道を歩み始める。しかし、唯一アメリカでは、公共投資を核とする1933年以降のニュー・ディール政策による様々な制度改革、有効需要の創出、雇用の確保などの試みがなされ、世界全体を蔽うこの災禍から逃れようとした。それは20世紀を貫く繁栄と世界支配の基礎を築くことでもあった。

民間の経済活動として、この流れを支えたのは、国民車としてのT型フォード車の大量生産に象徴されるフォーディズムの展開であった。

　フォーディズムの特徴は、科学的管理法にもとづくオートメーション労働、部分労働における規律の過酷さの補償の意味合いを持たされた高賃金、そしてさらには社会保障や労働政策など国家による制度的調整との連携に求められる。とりわけ高賃金については、従来、自動車の購買層にはまったく算入されていなかった労働者大衆をまさに大量生産→大量消費の担い手として経済循環の中に定めるという意図を持たされていた。消費が経済活動における好循環の決定的な要素である、という認識がここに確立したのである。しかしフォーディズムの開始時においては、消費者とは生産の側が提供するモノを確実に購買するというものでしかなく、まだ消費社会の客体的な存在にとどまっていた。

　フォード車はほどなくデザインのGM車に取って代わられるが、それは「必要」を越えた消費からの要請が生産に向けられるということを意味していた。消費者が主体的な選択を始めたのである。かくしてフォーディズムは多くの産業に波及し、1920年代から1970年代にかけて、アメリカは商品の豊かさをひたすら実現する社会となって世界をリードしていった。それは国家と連携した資本主義的大企業の利潤獲得の過程でもあった。

消費イデオロギーとしての民主主義　この過程は、民主主義に粉飾された新たな生活様式(ライフスタイル)が国民的な規模で確立されていくものと見ることができる。世界で最初のこの本格的な消費社会の成立を思想的に支えたのはアメリカ民主主義の理念だった。それを主導したのはもとよりホワイト・アングロサクソンだったが、アメリカ社会に絶えず流入する新たな移民たちをアメリカナイズすることが、自由な消費という行為を通じて、社会の平等な一員として彼らを処遇することによってなされたのである。それは消費を否定的に見なすことの根底的な意味転換が、フォーディズムの進展とあいまって大衆的なレベルでなされたことを意味する。

とりわけファッションが象徴的にこのことを示している。ユーウェンによればフランス革命のサン・キュロットは、王侯貴族の一見して分かる身分的な服装に対する象徴的対抗であった。アメリカの大量生産が、ファッションにおいて最初に成果をおさめたことは、したがって民主的社会の構成員の同質性、服装へのアクセスの平等性の実現を意味した。また、女性の服の簡素化は、外へ出て働く民主的な新しい時代の到来という観念の拡散を促した。そして大量生産とともにやってくる、あらゆる消費財の獲得への自由で平等な選択という観念は、民主主義を具体的に体現するものとして20世紀のアメリカに首尾一貫して存在していた。例えば、冷戦時代においては消費活動の活発さと自由は、アメリカ資本主義のソ連社会主義に対する優位性のイデオロギーとして作用したのである。社会主義はこのような豊かさを実現できるのか、と。

消費のシステム化と強迫される消費　確かに商品の豊かさは、かつてなく人々の心を魅了し多くの便利さをもたらした。しかし、それは当初から「強迫」される消費、戦略的消費と表裏一体であったことも見逃してはならない。ここには決して豊かさや利便性の代償としての不可避な随伴物ということによっては片づけられない問題がある。それは高度な消費社会がシステム化されていく、という道筋をたどった。

　アメリカ資本主義の進展は、フォーディズム的調整によって階級闘争の熾烈化をある程度回避することができたが、世界のどこにおいても共通のこととして都市を荒廃させるという社会問題を生んだ。都市には無産の労働者や失業者、職を求めて集まる農村出身者や移民によってスラムがつくられ、暴力、犯罪、麻薬、売春といった無秩序の温床となっていく。アル・カポネに象徴される禁酒法時代のシカゴなどはその典型であったといえよう。そのような状況の中で古い移民、経済的に成功した上層市民が、そのような「悪徳」の巣窟としての「都市」と品格のよい新たなライフスタイルに彩られた「郊外」という二元論的図式の下に郊外化のうねりをつくり上げていった。

このライフスタイルを中心的に構成したものは、D. リースマンによれば「パッケージ化」された消費だった。それはサラリーマンや自営業者のさっぱりした服装、主婦労働を軽減する家電製品、小ぎれいなガーデニングや家具のセット、そして究極的なものとして D. ハーヴェイの言葉を借りれば「自動車による解決」が挙げられる。すなわち、仕事の存在する場所である「汚れた」都市から若干の距離を隔てた自分の城を結ぶための手段としてだけでなく、道路建設という公共投資や、自動車の販売促進という、発展する国家と資本主義を担う手段としてモータリゼーションが意図されていた。だからこそ、このような快適な生活を個人が消費によって獲得していくことこそ健全な市民の義務であり、そして社会の正規の成員であることの証明であり、民主主義の実現と成果なのだという社会意識が形成されていった。これはセールス技術のフォーディズム的進歩とも連動している。まさに消費はこのように商品と心を組み込んでシステム化されていったのである。
　この過程で欠如していたのは、このような消費が社会全体から見てどのようなコストを強いているのか、またこのような消費への欲望が本当におのれの欲求に根ざすものであるかどうかを問う意識であった。したがって、自己の外側で形成されるこの新たなライフスタイルはどこか「他人指向的」である他なく、商品で実感される豊かさを自己目的にすることは、楽しみを伴えばそれだけ空疎感をもたらすことも早くから予感されていたのである。1964年にしてすでにリースマンはこう記している。「われわれは失楽園に向かいつつある世代である、パラダイスを見つけながらもどうしてよいかわからない人間たちなのである」。豊かさが実現されたとき、そこには何もなかった。ここに至ってプロテスタンティズムの倫理は「禁欲的生産」から「禁欲的消費」へと変貌していったといえよう。

　消費者主権　　しかし、消費がシステム化され、強迫されていくこの過程は同時に消費者が社会的な諸権利を獲得していく過程と重なり合っていた。消費が経済の好循環に不可欠なものとして組み込まれるならば、その担い手

たちが権利意識に目覚め、組織化されていくのは当然である。アメリカでは、すでに1848年に最初の消費者保護法が制定され、1899年には全国消費者連盟が設立されて、消費者および労働者保護の立場から、悪徳業者を追放し、健康に有害な商品を排除する動きが起こってきていた。その流れは紆余曲折を経て1962年のケネディ大統領による「消費者の利益保護に関する大統領特別教書」へと進んでいく。これは①安全を求める権利、②知らされる権利、③選ぶ権利、④意見を聞いてもらう権利の4つを消費者の基本的な権利として明示したものである（その後1975年、フォード大統領によって⑤消費者教育を受ける権利、がつけ加えられた）。こうして「消費者主権」が世界で最初に大量消費を確立したアメリカで実現され、消費社会は先進資本主義国に広がっていった。その様態と問題点を今度は日本社会において見ていこう。

3. 日本における消費問題と消費者教育

消費問題の発生と展開　第2次世界大戦後、アメリカに遅れて日本、西ヨーロッパもフォーディズムに支えられた大量消費社会の道を歩んだ。それはアメリカの場合と同様、生産者優位の産業社会として出発し、次第に消費者の立場が反転していくという経過をたどった。

　この反転の第一歩は、主たる生産者である企業の利潤追求に動機づけられた消費財の大量生産が、消費者に豊かさを実感させ魅惑していく一方で、消費者の安全や快適さを顧みられずに進められるというところにあった。1955年の森永ヒ素ミルク事件、1962年のサリドマイド事件、1968年のカネミライスオイル事件と相次いだ消費者の生命や安全性に脅威を与えた事件は、すでに指摘したように生産物についての知識や情報が生産側に排他的に囲い込まれ、都合のいい部分だけが一方的に消費者に提供されていたことの問題性を浮き彫りにした。それは行政も自覚するところとなり、1968年の消費者保護基本法の制定へと至る。その後通産省（当時）は1970年、1975年に通達を出し、企業に対して苦情処理を適切におこない、消費者に目を向けた態

勢をつくるよう促した。

　このような流れの出発点は、戦後間もなく不正価格や不良商品の横行に対して立ち上がった主婦たちの不買運動にあった。当初は運動の主張は企業批判にあり、消費者とはあくまで「保護」されるべき対象であった。また、運動の担い手が婦人たちであり、その傾向は現在にまで及んでいることにも注意しておこう。そしていうまでもなく「必要」のための消費をめぐる領域でまずは展開されたのであった。

　これをきっかけに高まる消費者の権利意識の拡張には、生産者である企業の思惑もまた絡まっていた。高度成長における企業の利潤は、労働力の確保や生産技術の進歩によって可能になった大量生産が生み出す消費財が購買されて初めて実現される。そのためには、コストを秤量しながら消費者の要求を正確に把握し、それに応えるとともに、消費の魅力を広告やメディアで訴え、加速される生産から浪費への回路をシステムとして確立しなければならない、という消費社会に固有な企業の必要があったのである。別言すれば、消費者に甘い言葉をささやいて次々に新しい欲望を開発していったのである。こうしてアメリカと同じように「消費者主権」が生まれる。それは見てきたような当然保護されるべき消費者の正義の主張と、生産の側から引き出された消費者の身勝手な私的欲望の表出が最後までないまぜになったニュアンスを包含しているところに注視すべき問題点がある。

　この消費者主権の二面性は、高度成長期には特に顕著であったことだが、生産者と消費者がかなり重なる、という事情にも支えられていた。勤労市民層が厚く、しかも彼らが同時に消費の推進主体であるということは、双方の要求があまり矛盾なく同時に存在する可能性を持っている。この点は高齢化が進む現在および近い将来とは状況がかなり異なることに注意しておきたい。商品の生産者はすべて消費者であるが、消費者はすべて商品の生産者であるとは限らない。

新たな消費問題と消費者教育　　高度成長がさらに進み、末期あるいは低

成長期にさしかかると、企業の浪費への誘導、消費者の権利意識、行政の消費者保護政策の絡み合いはさらに進み、新たな消費問題を生み出すに至った。それは、追放されては次々に出現する有害物質を含む商品といった従来の生産の側の問題に加えて、金融や流通の面において著しかった。例えば、高利貸しの悪徳というのは古くからあったが、それは消費者金融・ヤミ金融といったかたちで企業化され、組織的に進められて現在に至り、深刻な社会問題を生んでいる。また言葉巧みに消費者の人間関係を利用して商品を売るマルチ商法、お年寄りの老後の生活資金をターゲットとし、1985年に日本を震撼させた豊田商事に代表される投機セールスといったものがそれである。これらの新たな消費問題は、ますます拡大していく消費者の隠された欲望を引き出し、それゆえに私的消費の後ろめたさに乗じ、行政や法制度の不備をついていくという特徴を持っており、成熟した消費社会に特有なことであるといえよう。

　このような状況に対して日本ではすでに1950年代から消費者教育の必要がいわれてきた。だが、その出発は、このような消費問題から身を守る知識を育成する、ということよりも、企業の側から販売促進のために商品やその有益な使用方法についての情報を提供する、という意図の下に開始されたのである。日本で最初の推進団体は1958年に設立された日本生産性本部の「消費者教育委員会」であった。国家も前述の消費者保護基本法に至る過程で「国民生活向上対策審議会」が答申を出し、消費者教育の目標を定めているが、商品・サービスの合理的な価値判断の能力の養成、消費生活向上の合理的方途の体得と並んで「経済社会全体のうちにおける消費および消費者の意義を自覚すること」としている。時あたかも所得倍増で、賢い消費者の育成は消費の増大という目的のためにあるということが暗黙に前提されていた。そして消費者の健康や財産を守るといった関心は、民間の消費者団体やマスコミによって当初は担われていた。

　しかし、上のような複雑で新たな消費問題が現れるとともに、この消費者教育への関心は、「消費者主権」の流れにおいて行政や企業を巻き込んで強

まってきている。家庭や学校、公共や民間での教育プログラムが模索されているが、どのような観点からこれを方向づけるのか、内容をどのように定めるのかといったことはまだ定まっていない。

そのためには合理的家計運営すなわち経済教育に重きを置いて展開されてきたアメリカや、ライフスタイルを問い、自然との共生を中心に考えてきた北欧の消費者教育などの先行する試みに今後多くの学ぶべきことがあるだろう。そして経済活動の中の消費の位置を正しく認識するとともに、次に論じるような社会的意識としての消費をどう考えていくかが重要である。

4. 消費社会の現在――迷走する消費と暴走する市場

消費に関わる意識と社会関係　日本の高度成長は1971年のドル・ショック、1973年のオイルショックによって終焉を迎えるが、ここに消費社会は質的に大きな旋回を遂げ始める。それは「必要」を満たす消費が国民的にほぼ達成され、消費財のゆきわたりが新たな需要を喚起せずに経済不振を招く、という先進資本主義諸国に共通する問題に促されて、フォーディズムを支えた大量生産・大量消費が企業の側から見直されていくという動きであり、これは日本で特に顕著であった。

また、高度成長の過程で、大量生産がもたらす公害や環境の悪化がすでに社会問題となっていたが、これが一地域、一企業の問題ではなく、南北問題や後進未開発国の問題ともからめて、地球規模での環境破壊が人々の意識にのぼるようになってきた。1972年には「国連人間環境会議」が開催され、ローマクラブが「成長の限界」を出しているが、これらは当然、消費社会の問い直しに至らざるを得ない。

そのような状況において、われわれの消費に対する意識はどのように変わってきただろうか。豊かさが実現したとき、そこには何もなかった、という消費の側の問題点は指摘したが、生産の側ではすでに高度成長末期に至る過程でフォーディズム的規律・訓練が最高度に進んで労働環境を息詰まるもの

にさせていた。断片化した労働、労働組織の官僚制化が進行し、この結果、先進諸国ではそこに至るまでの教育問題や悪化の傾向を見せ始めた環境問題も争点に包み込んで1968～1969年を頂点とする学生反乱、社会運動の高揚が見られた。それは国家や資本の強制力によって鎮圧されるが、運動の側に向かってこの収束の流れを主体的に加速させるよう仕向けられたもの、あるいは政治的閉塞感、個人の孤立感が蔓延する中で高度成長期以降深く静かな広がりを見せたものが、私的消費であった。

　先述のユーウェンは「かつて民主主義を体現していたと思われたスタイルは、政治活動が『受け身の消費』に取って代わられた人びとの『無関心とアパシー』に呼びかける」と表現しているが、このような文脈の消費とはもはや「自己保存＝必要のための消費」でも「大量生産物の消費」でもない。それは昔ながらの浪費を含むとともに、それを超えた「余暇」や不満のはけ口として、そしてさらには個人レベルでの自己実現のためという意味合いを獲得していったのである。消費財が社会に潤沢になるにつれて、欲望の充足も多様かつ複雑になることはすでに指摘しておいた。となると消費はますますモノの消費に限定されなくなっていき、イメージの消費や、消費するという行為すなわちショッピングそのものなどが前面に出てくる。匿名性・秘密性が込められた私的欲望が、様々な個人の趣味や嗜好の奥底に潜みつつ消費行為の中で無秩序に広がり、実現されていく。さらにはまた、ある特定の消費へ向けられた共通の感覚や記号やイメージが着目され、ブランド志向、「少衆」といった閉鎖的な社会関係を築きつつ消費社会の様相が変貌させられていった。その新たな特徴を挙げるならば、①単なる刺激としての消費行為の無限性、②自己のアイデンティティの形成、自己流の審美性を確認する行為としての消費＝劇場的行為、③消費に媒介された排他的な共同性の創出、ということになろう。だがしかし、私的消費の対極にある公共的な消費への顧慮は、意識としては常に後手に回されて政治問題化されなかったのは否めない。「豊かな生活」といったときに、最初に表象されるのは、町並みの美しさでも、社会保障がもたらす老後の安心でもなく、多彩な私的消費の満足度

であるというのが、とりわけ低成長期以降の日本の消費社会に見られる顕著な特徴である。

日本的経営と消費　消費者の欲望がますます多様・複雑になっていくというこの傾向に、大量生産でゆき詰まった生産の側が手をこまねいているわけがない。日本では1980年代に入ると、製造業を中心に「多品種少量生産」を基本にした在庫管理・品質管理が労働過程を再編成し、いわゆる「日本的経営」として一世を風靡した。これは先述の労働の断片化、官僚制化を避けるねらいを持たされただけではない。消費者の多様な要望に即座に対応するシステムが目指されたのであり、甘やかしの消費者主権とコストダウンを同時に実現させるという意図が込められていた。しかし、このアフターフォーディズム的戦略の中に、もし成功すれば資源問題や環境問題に貢献する可能性も内蔵されていた。

　この戦略はやがて流通にも及んでいく。フォーディズムの時代には「流通革命」を旗印に、大量の仕入れと販売によって低価格を実現させ、消費を拡大させてきたスーパーマーケットが、価格はそれほど安くなくとも売れ筋のものを中心に数多くの商品を少量にジャスト・イン・タイムで狭い店頭に並べ、営業時間を極端に長くしたコンビニエンスストアに売り上げで後れを取るようになるのである。

　こうした生産・流通・消費の変貌にあずかって力を発揮したのが1990年代以降めざましく進んだ情報技術であった。それは生産・流通・消費をネットワーク化することによって新たな需要を掘り起こし、消費への誘惑を実現させる役割をはたしていったのである。この結果として「必要」を満たす以外の、瞬時におこなわれる多様な消費が豊かな社会を象徴する事態はますます加速した。記号やイメージの消費、ハイパーリアリティ、バーチャルリアリティといったモノではない消費が、ポストモダン論議に格好の素材を提供したのは記憶に新しい。しかもそれが個性の実現といった、企業による誘導の戦略の文脈の中で語られていくのである。こうして形式上は、消費活動が

ますます経済社会の主導的な地位に上昇していくのである。

　しかし、ここで注意しておかなければならないのは、この過程ではモノではない消費がモノの消費に取って代わられるというのではないということ、また、不断に新たな不要なモノを社会に排出していくということである。「必要」を満たす消費も決して消滅したわけではない。「必要」は満たされれば、繰り返される。むしろ「必要」に象徴やイメージが付加されて、あるいはないまぜにされて、方向もなしに無限に展開していくのが消費社会の現在ではないだろうか。

　このような状況を考えると、日本的経営の資源節約的なフレキシブル生産や、なるほど物的な資源の消費を伴わないイメージの消費も、それだけでは環境への負荷を軽減することには必ずしも結びつかないことが分かる。

　また、自然破壊だけでなく人格破壊もまた消費社会の現代的展開によって構造化される。精神科医大平健は、近年の日本の消費社会の中で、人づき合いをモノ化、あるいはモノを媒介させることによってなまの感情の衝突を避けようとする無意識の自己防衛、また、やる気や能力をモノが引き出すという幻想などが現実世界との齟齬を生み、「モノ語り」の人々を精神病理的な状態に追いやっていることを様々な症例から描き出している。この場合モノとは「商品」の意味が濃厚である。「豊かさが実現されたとき、そこには何もなかった」ということをはるかに超えて、豊かになればなるほど不安にさらされる状態にわれわれが陥りかけていることが示唆されているのである。このような関連で追い求められる「個性」も根底から問い直される必要がある。

グローバル化と消費　こうして消費がモノとの関わりを維持したまま質的に変貌しながら、人々の精神にも影響を及ぼすかたちで経済社会の中心へと自らを高めていった大きな原因として、生産の側、とりわけ情報技術と手を携えてグローバルに展開される多国籍企業の市場における圧倒的な支配を抜きに考えることはできない。多国籍企業が担うグローバル化により情報技

術が諸社会を横断する時間と空間を狭め、生産効率を飛躍的に高めたとしても、伝統的な南北問題の構造は依然としてそこに生きている。北の豊かさを全社会が到達すべきモデルとして提示し、実際は資源、労働力を調達する対象として南を北の消費社会に組み込むというこの構造を実質的に支えているのは、多国籍企業と質的に変貌しつつあるが依然としてそれに結合している資本主義国家である。そして理念的にこの結合を支えているのは、企業間の世界的な競争が経済活動の活性化と効率化を生み、その結果、消費財を潤沢に供給し、全体で見れば雇用も確保するという「新自由主義」である。このような価値観が世界にあまねくゆきわたれば独裁政権や非効率的でローカルな伝統的経済構造も克服されるという、初期の民主主義的経済理念とアメリカの消費社会の成立の関係の現代版を想起させるこの論拠もまた、現実には様々な問題を抱えている。

　すなわち、イメージの消費を堪能し、消費で個性を飾り立て、甘やかしの消費者主権を享受するような豊かな階級は全世界から見ればほんの少数にすぎないのであり、その生活の魅惑を貧困層を多く抱える国々に振りまいていく。その結果、消費生活の量的レベルは低いかもしれないが、自立した経済構造と独特の生活様式と文化を持っていたそれらの地域や国民が、新たな国際市場の秩序に組み込まれ、確かにハイテク製品やジャンク・フードなどは得られるようになるが、安全な飲料水や食料といった基本的な生活物資と自然環境を手放すことになっているのである。

　多国籍企業はタックス・ヘイヴンを求めつつ国家や地域の枠組みを一瞬のうちに乗り越えて資源や部品を調達し、安価な労働力の存在する場所で製品を組み立て、世界中に消費財を販売する。経済的利益のために商品の魅力や利便性を訴えることを通じて、生活様式や価値観をも一元化し、「マクドナルド化社会」ともいわれるように生産や販売方式をマニュアル化するゆえに「文化的支配」との誹りを受けつつ、市場に暴力的な影響力を行使しているのである。そしてそれは経済活動においては国境をたやすく越えるが、国家の政治的戦略とは密接に結びついている。アメリカの電信電話会社がインフ

ラ整備の名目でチリ社会主義政権の崩壊に一役買ったのはその一例である。もちろん中東の石油政策もイラク戦争も同様である。

　世界全体に消費を組み込んでいる構造がこのようなものであるから、地球の存続のための消費のトータルな縮減はおろか、豊かさの偏在による国際社会間の格差の拡大や軍事的衝突を伴う利害の対立を回避することさえ遠い道のりである。ただ、以上の考察から、その目的のためには、政治経済を考えるだけでなく、生活することや豊かさの意味づけ、生産と消費の関係、自由、民主主義といった自明の価値観などを再考し、新たな社会関係を再構築することが不可欠になってくることは確かである。

5. 消費社会への問いかけ

社会運動や地域との関わり　以上のような消費社会の歴史と現状に対する認識をもとにして、企業社会と自然破壊にどう対処していくかを考えるにはどこから始めればよいだろうか。まず、生産と消費がバランスを取っていた経済の「原点」に戻れば、モノを消費することの決定的な重要さを再確認しなければならないだろう。物質主義は決して悪ではない。生存のために必要な消費財の大切さを深く認識し、それらを有限なものとして大事に扱っていくことが、商品に自己を投影し、そのことによって精神病理をもたらすような現行のゆがんだ消費社会を反転させる出発点になる。モノと商品の違いを認識し、メディアで流される魅惑的な商品ひとつひとつを自然環境との関連を吟味しながら本当に必要なものであるかを熟慮すれば、そこから消費の側から生産を見直すことができる。その経路は消費者がさらに優位を強めていく現在の経済社会では決して閉ざされているわけではない。それはきわめてシンプルな原理であるが、不要なものは消費しない、したがって不要なものは生産しない、ということである。必要なものも最小限に抑え、大事に扱うということである。とりわけ豊かな社会の成員が責任を負うべき環境問題には原理的にはこの消費のダウンサイズという対処法を避けることはできな

い。そして、生産したものは最終的にどういう形で自然に還されていくのかを個々の生産物について知り、考えることが重要である。

　そしてこの見直しは、環境保護運動はいうまでもなく、さらに様々な社会運動を消費問題を軸にして結合をはかること、そして「地域」の役割を再認識することを通じて探られていくはずである。

　それは「景気のための消費」というフォーディズム以来の常識を覆すことを通じてなされる。消費をダウンサイズしようとすると、国家や企業から常に出されてきた脅し文句は「消費を押さえれば雇用や生産が落ち込む」ということであった。景気が悪化し失業が増え、必要な消費さえできなくなるではないか、と。

　だが考えてもみよう。それは操作された無意識の特定の価値観に立脚しているし、既存の経済システムへの本質的反省を何ら含まないものである。例えば日本の企業における雇用の現況を見れば、「勝ち組」とされる正規社員のかなりの部分は、若者は結婚もままならぬほど、既婚者は家庭生活さえ普通に営めないほど、馘首の恐怖から逃れるために長時間の厳しい労働に耐えている。そして必要をかなり越える不要な商品を開発、生産し、流通させ、自分自身が商品にあふれる刹那的消費でその苦しさを癒している。他方で「負け組」とされるフリーターやパート労働者は、少ない収入のために商品にあふれる消費生活に思うように参加できない悲哀をかこっている。

　確かに生活のダウンシフトは雇用を量的に狭めるかもしれないが、一例として、この雇用の不均等をワークシェアリングを目指す社会運動と結合させるならば、社会的格差をなくし、収入ではなく自由時間を取る、という方向に転換することができる。そして「自由時間を人間としてどう消費するのか」という価値観の転換への問題提起に至るはずである。「消費の自由」に先行するものとして「時間の自由」があるのではないか。そうであれば「景気のための消費」は神話にすぎなくなる。

　ジェンダーや家族生活を考える動きとも消費問題は深く関連している。かつて耐久消費財が家庭に大量に入っていったとき、それは主婦の仕事を軽減

し、女性の社会進出を促すものとして脚光を浴びた。しかしこの流れは男性の家事労働への参加を必ずしももたらさず、ひたすら家事は外部化の経過をたどった。それが消費社会の粉飾された華やかさと資源の浪費に繋がっていった。モノにあふれた今の日本の家族において、かろうじて同じ空間には居住はするものの、それぞれが相互にまったく関連のない消費活動で大部分の時間を費やしている図は「豊かな家族」なのだろうか。子供は自室で長時間パソコンに向かい、世界のあらゆる情報を居ながらにして手に入れる。しかしその分家族に向き合って過ごす時間は減少している。

　また、いままでの議論では「必要」を満たす消費は必要であることを前提としてきたが、そのことも再考すべきではないか。「必要」さえ満たされればよい人生が得られるのだろうか、「必要」に先立つものは存在しないのか、そして「必要」とはどの程度のことをいうのか…という視点から消費を見つめ直せば、豊かさ貧しさが相対的なものであることが分かる。社会的な不平等は絶対的な貧しさよりも耐え難いこともあるのだ。この認識が基礎にあれば、ないがしろにされてきた公共的な消費へのまなざしも変わってくるだろう。

　そして、グローバル化によって、あまりにも空間的に分散隔離されすぎた生産と、あまりにも同質化された消費に反省を迫る拠点としての「地域」の重要性を指摘しておきたい。すべてを地域的な市場でまかなえということではなく、バランスの取れた生産と消費という視点が企業社会でもっとも欠落させられてきたものではないだろうか、という意味においてである。生産者と消費者の原点である両者の時間的・空間的近接性は地域での経済活動の独立性、ひいてはそれぞれ特徴を持った地域社会の発展と不可分である。輸送コストが削減され、資源エネルギーが節約されるだけでなく、生産が引き起こす有害物質などの随伴的諸問題が可視的になる。とともに消費者の匿名的消費行為が引き起こす意識されぬ加害行為もチェックされていくはずである。

民主主義と価値観　こうして、神話を暴くには様々な社会問題を消費問

題と関連させて考えつつ、価値観の転換や変更をくぐり抜けることが不可欠である。それは個人の努力だけで達成されるものではなく、議論を重ねた上での社会的合意・社会的選択を必要とするものである。消費の「私的」な秘密性や欲望充足もある程度必要なものではあろう。しかし、それはあまりにも野放しにされてきた。環境を考えるとき、ここにも民主的な合意がいる。そのためにはいままで消費を拡大することを正当化してきた民主主義（甘やかされた消費者主権）と、それを推進する役割を主に市場・企業・国家の側で担ってきた情報技術をダウンサイジングに向けて転換させることが重要である。そして何をどれだけ、どのように消費するのか、という社会的合意を獲得するには人々が自らの消費財についての正確な知識と情報を備えた上で、社会の中の個人としての自らの欲求を反省的に見出すことが重要になる。

このためには消費者教育を根本から立て直すことが不可欠である。悪徳商品から身を守り合理的な家計運営を学ぶ、ということにとどまらず、生産の側に依然として主導的に握られている消費財についての情報を消費者が獲得し、その上で自然との共生を考えていかなければならない。とりわけ、将来の消費者として消費行為への欲望を刷り込まれる絶好のターゲットにされてきた子供たちへの教育が急務である。

消費への意識が民主主義を捉え直し経済社会の仕組みを変えていくこと、これがいま求められている。

【参考文献】

大平健　1990『豊かさの精神病理』岩波新書
熊沢誠　2003『リストラとワークシェアリング』岩波新書
クラマー，J.　2001（橋本ほか訳）『都市と消費の社会学——現代都市・日本』ミネルヴァ書房
ショア，J. B.（森岡孝二監訳）　2000『浪費するアメリカ人——なぜ要らないものまで欲しがるか』岩波書店
ダーニング，A. T.（山藤泰訳）　1996『どれだけ消費すれば満足なのか——消費社会と地球の未来』ダイヤモンド社

ハーヴェイ，D.（水岡不二雄監訳） 1991『都市の資本論』青木書店
松原隆一郎 2000『消費資本主義のゆくえ―コンビニから見た日本経済』ちくま新書
間々田孝夫 2005『消費社会のゆくえ―記号消費と脱物質主義』有斐閣
ユーウェン，S.（中江桂子訳） 1990『浪費の政治学―商品としてのスタイル』晶文社
ユーウェン，S. & ユーウェン，E.（小沢瑞穂訳） 1988『欲望と消費―トレンドはいかに形づくられるか』晶文社
リースマン，D.（加藤秀俊訳） 1968『何のための豊かさ』みすず書房

第5章

福祉国家の再編

1. 福祉の概念

福祉サービスと社会保障　日本では昨今、「社会福祉 social welfare」や「福祉 welfare」という名前を冠した学部・学科の新設が続いている。高齢化社会の到来というマクロ的な変化に対応して、福祉サービスの充実という新たな社会的需要が出てきたからである。障害者や高齢の要介護者のためのサービスを担う人材育成が大学に求められてきているのである。こういった障害者や高齢者のための介護サービスという意味で「福祉」という言葉が使用されることが多いが、この場合の「福祉」は極々限定された意味である。「福祉」という言葉は、障害者や高齢の要介護者に対する場合だけでなく、老齢、疾病、生活保護などの幅広い領域を対象にして、第2次世界大戦後の先進国において現れてきた「社会保障 social security」という枠組みの中で理解する必要がある。

表Ⅴ-1は「社会保障」制度全体の中で「社会福祉」を位置づけた表である。

表Ⅴ-1から明らかなように、対象領域としては社会福祉（B）と保健医療（C、D、E）、さらに所得保障（A、C、H）に大別される。

本章では「社会福祉」や「福祉」に限定するのではなく、広く社会保障全般を対象にして福祉国家の変貌と今後の行方について考える。

表V-1　社会保障の対象領域（日本）

	分類	制度の名称
A	公的扶助	生活保護
B	社会福祉	老人福祉・身体障害者福祉 精神薄弱者福祉・児童福祉・児童手当
C	社会保険	医療保険（政府管掌健康保険・組合管掌健康保険・国民健康保険） 老齢年金保険（国家・地方公務員共済など・厚生年金・国民年金） 雇用保険
D	公衆衛生	上下水道整備事業・伝染病予防など
E	老人保健	老人医療
F	戦争犠牲者援護	原爆医療・戦没者遺族年金
G	住宅提供	公営住宅の建設と提供
H	雇用	失業対策事業・高齢者等就職促進事業

出所）『平成17年版　厚生労働白書』より作成

制度の基礎となる考え方と社会的リスク　第2次世界大戦後、戦勝国のイギリスを初めとして、人々の「生存権」という考え方にもとづいて、《ゆりかごから墓場まで》国民の「ナショナル・ミニマム」の生活を保障する福祉の政策を先進各国が打ち出した。日本も、この考え方に沿って憲法や関連法規が「制定」されている。憲法の条文でいえば第11条、第14条、第25条が基本的人権とナショナル・ミニマムの考え方を規定している。とりわけ、「社会保障関係法」との関連でいえば、憲法第25条の「すべて国民は、健康で文化的な最低限度の生活を営む権利を有する。」という規定と、同条第2項「国は、すべての生活部面について、社会福祉、社会保障及び公衆衛生の向上及び増進に努めなければならない。」という規定が基本法となっている。基本的人権とナショナル・ミニマムの思想が想定している社会的弱者は、主に生活困窮者であった。資産・所得を調査（「ミーンズテスト」）した上で受給者を決定する「公的扶助原理」が考え方の基礎に置かれていた。

　低所得者に対する手厚い保護を目的とする社会福祉制度は、その後、高齢者、障害者、寡婦、児童へと対象を拡大し、政策を多様化させながら国の普遍的制度として確立されてきた。ミーンズテストを実施する生活保護などの

公的扶助原理と、原爆医療・戦没者遺族年金のようにミーンズテストを受けることなく受給権が発生するものがある。さらに社会保険制度が整備され、拠出者だけを対象にした介護、老齢年金、失業、医療などの社会保障制度が確立され、現在では「扶助」原理と「保険」原理とが一体となって、社会保障制度をつくっている。

　扶助原理に対して、社会的弱者だけではなく、すべての勤労者を対象に強制適用原則で運営される制度が社会保険にもとづく社会保障制度である。老齢、疾病、失業、介護、家族（離婚）、業務災害など、いつ見舞われるかも知れないリスクに対して、保険集団を形成し、それらのリスクが現実化した人に対して給付金を支給し所得保障をするというのが社会保険の考え方である。個人の怠慢によって受けるリスクではなく、職場災害などのように、個人の責任に帰せることが適切ではないリスクを、「社会的リスク」と呼んでいる。生命保険などの「民間」保険では年齢や疾病になる可能性にもとづいて保険料が異なるが、社会的リスク対応の社会保険制度は、強制加入と均一拠出を原則としている。リスクは個人によって高いか低いかの違いがあるから、自由加入原則にすると保険が成立しなくなるおそれがある。そのため、リスクの程度に関わらず、強制加入原則に立脚して、保険制度を維持している。老齢年金、医療、介護、雇用の4大保険制度のうち、財源的にもっとも大きいのが年金制度である。後に詳しく述べるが、年金制度は各国とも、積み立て方式から、現役世代が老齢世代の年金を負担する「賦課方式」制度に移行しており、この制度を基礎づける考え方が「世代間連帯」である。

　社会保障制度は、国民の生活困窮者や社会的弱者すべてを対象にした「扶助」原理と被用者による保険拠出にもとづく「保険」原理の二本立てになって戦後60年のあいだ運用されてきた。この間、制度創設当初とは環境が異なってきた。社会的弱者や生活困窮者に対する「扶助」は、生活保護の受給という受身なセーフティ・ネットから、就労支援や教育・訓練の機会を与える積極的な支援策の方に転換しつつある。また、高齢者のための年金や医療制度の維持は、賦課方式の採用によって、実質的には世代間扶養を若者に

強制し続ける制度に転化してしまっている。少子高齢化と人口の減少、さらにはベビーブーマーが年金受給者になる 2010 年以後、日本社会は、制度発足時とはまったく異なる環境、低成長下と人口減少における高齢化社会、すなわち拠出者が減少していく中で、受給者だけが増大し続けるいびつな福祉国家になる。

2. 福祉国家の歴史

ビスマルクの社会保険制度　ドイツの鉄血宰相として名を残すビスマルクは、歴史上もっとも早く社会保険の制度を創設した。疾病という社会的リスクに対応する「疾病保険」を 1883 年に、その数年以内に、労災保険や老齢保険を立て続けにドイツ国内に導入した。ビスマルクによる社会保険原理は、職業団体ごとの「職域」を単位として成立した互助組織を、「保険」という形式によって全国規模の普遍的適用にした。働く者を中心にした社会的リスクを回避するシステムである。労働者はこれらの社会保険に「強制加入」することが求められる。保険料の拠出に関しては、労働者の負担割合と事業主の負担割合（現在、日本・アメリカ・ドイツ 3 国は 50 対 50 の折半である）が法律によって制定され、病気やケガをした場合に、無料で医療サービスを受けることが可能になった。

　この社会保険モデルは 20 世紀になり、大陸ヨーロッパ諸国に伝播し、今日に至るまで社会保障制度の基本的な枠組みとなっている。労働組合運動の歴史や第 2 次世界大戦後の戦後復興、それに労働者政党による政権運営など、国によって若干の違いがあるが、職域主義、強制加入、拠出金の労使折半負担などを主要な特徴としている。日本は、老齢年金、雇用保険、介護保険、医療保険の分野において、ビスマルク経由の社会保険方式を採っている。

ベバリッジ報告　第 2 次世界大戦のさなか、「総力戦体制」を敷くために、時のチャーチル英国首相が立ち上げた戦後復興に向けた委員会がベバリ

ッジ委員会である。ロンドン大学経済学部長を務めた W. ベバリッジ（1879-1963）が委員長になって 1942 年にまとめた「社会保険と関連サービス」と題する報告書は、第 2 次大戦後のイギリスだけでなく、各国にユニバーサルな福祉モデルを定着させるのに貢献した。

　ベバリッジの福祉モデルをビスマルクの社会保険モデルと対比すれば、職域モデルではなく、職業に関わらず居住する地域ごとに社会保障の網を整備したことが特徴である。低額の単一拠出と給付という一点において、ベバリッジ・モデルは、「ナショナル・ミニマム」の思想にもとづく普遍的な社会保障制度を志向している。日本の国民年金や国民健康保険も、働いているか否かに関わらず、国民皆保険・皆年金というユニバーサルな視点に立っている。もう 1 つは、税によってまかなわれる扶助や医療扶助の分野においてもベバリッジの福祉モデルは国民すべてをカバーする普遍主義モデルである。

　日本における福祉国家への歩み　　戦前の日本では 1922 年に健康保険法が制定され、1927 年より施行された。1938 年には国民健康保険法、1939 年に船員保険法、1941 年に労働者年金保険法（1944 年に「厚生年金保険」と改称）が制定された。医療保険も、1938 年には国民健康保険制度の普及により、兵力確保策が取られ適用範囲を拡大した。戦時下における法整備は、第 2 次大戦における国民総動員態勢を整備する一貫として、労働者保護政策が取られたという側面がある。

　戦後のハイパーインフレーションにより、厚生年金の「積立金」が紙くず同然になったことは特記すべきである。戦後の厚生年金は、積み立て方式ではなく「修正積み立て方式」という名前の「賦課方式」に傾斜した方式によって運営される方向性が、戦後の経験によってもたらされた。

　引揚者や戦争孤児など戦後復興のために、1947 年に児童福祉法が、1950 年には生活保護法が制定された。しかし民間企業労働者や公務員を除く自営業者や零細企業労働者など、国民の 3 分の 1 にのぼる 3000 万人が医療保険の対象にならない無保険者状態であった。この事態に対処すべく法制定がな

されたのが、1958年の国民健康保険法であった。この法律によって、医療保険の分野では、日本は国民皆保険体制を敷くことができた。他方、年金の分野でも自営業者の老後の所得保障を目的にした国民年金法が1959年に制定され、1961年に施行された。戦後、公的扶助が中心であった日本の社会保障制度も、1960年初めには被保険者が保険料拠出により、自らの疾病と老齢リスクに対処する体制に移行した。民間企業の厚生年金と健康保険、雇用保険、公務員の共済保険制度に遅れて、それらの保険によってカバーされない自営業者などを対象にして成立したのが「皆保険・皆年金」制度である。

1973年は日本政府が「福祉元年」宣言をした年である。この年、日本のGNPが西ドイツを追い抜き、日本は世界第2位の経済大国になった。東京や大阪の、いわゆる「革新知事」による福祉重視政策に強い影響を受けた政府自民党は、福祉の大盤振る舞い政策に乗り出した。70歳以上の高齢者の医療費の自己負担を無料化したり、年金保険では給付水準の大幅引き上げと賃金スライド制導入に踏みきった。1973年秋のオイルショックにより低成長下になったにもかかわらず、日本は社会保障費の拡大政策を続けた。年金分野では1985年の大改正により、全国民共通の「基礎年金制度」を導入し、文字通り「皆年金」体制ができ上がった。民間企業の厚生年金は基礎年金の上乗せ給付（2階部分）として位置づけられることになった。

バブル崩壊後の1990年代は、高齢者の介護サービスを中心とする「ゴールドプラン」の策定と目標に向けた計画的な在宅福祉サービスの供給体制の整備がはかられた。2000年には介護保険がスタートした。

1989年に、合計特殊出生率が1.57を記録し、1966年（丙午）の1.58人を下回る戦後最低を記録した（「1.57ショック」）。以後、少子化の傾向は続き、2005年の1.26まで低下した。少子化は人口減少社会の到来（早ければ2006年から日本は人口減少社会になる）を意味する。人口減少というマクロ的な変化は、賦課方式と世代間連帯原則に立脚する年金制度に対して大きな影響を及ぼすことになる。

日本は戦後復興を経て、社会保険原理に立脚する年金・医療・失業・介護

保険制度と、普遍的原理である公的扶助や福祉の諸制度を立ち上げてきた。1961年の国民皆保険・皆年金の実現までに15年を要したとはいえ、ともかくも福祉国家化への道を歩んできた。

3. 福祉国家の類型論

福祉国家とセーフティ・ネット　福祉国家という考え方は、市場経済とどのように対応するのだろうか。今日、国民を対象とした医療保険制度を具備していないアメリカを福祉国家と呼ぶ人はいない。アメリカは市場経済の完全性を前提として、市場が対応できない部分についてのみ、政府が対処する(「小さな政府」)セーフティ・ネットという考え方に立って、社会保障制度を構築している。

これに対して、第2次世界大戦後の西欧諸国で一般的になった「福祉国家」という考え方においては、市場メカニズムの完全性に信を置かず、政府が生活保護だけでなく社会保障の領域にまで積極的に関わるべきとする「大きな政府」論に立脚している。「大きな政府」も細分化すれば、イギリスやスウェーデンなど、国民全体を遍く対象とする福祉の給付を税によってまかなう型、被用者(労働者)を中心とした社会保険原理による福祉の給付をおこなう大陸ヨーロッパ型、その中間形態として社会保険原理を中心にすえながら、税による普遍的な給付を目指すニュージーランドやオーストラリア型になる。

福祉国家の類型論は1990年代に入り、G. エスピン-アンデルセンによって代表される「福祉国家レジーム」論、すなわち福祉国家を「レジーム」(「体制」ないし「制度」)という歴史的概念によって捉える流れが一般化し、各国の歴史や伝統、市場化の範囲と深さなど、社会経済システム全体にわたる研究成果を生み出している。

国家財政の窮迫という事態を迎え、福祉予算を削減し、地域社会やボランタリーな活動にできる限り依存しようという傾向も出てきている。また、シンガポールのように、福祉国家とはとてもいえないほど社会保障関係費の少

ない国もあるが、従属人口（0～15歳と65歳以上の人口）のうち、育児や児童手当を手厚くし、かつ教育を重視しているこの国も、観点を変えれば、福祉国家の1類型と見なすこともできよう。また後発の工業国や女性差別の顕著なイスラム社会における福祉国家への道についても今後、研究がなされるであろう。

医療制度に見る社会保障の3類型　社会保障関係支出で年金に次いで医療費の占める比率は高い。医療に関しても、主に3つの類型に分類可能である。

まず、イギリスを中心とした国民保険サービス（ナショナル・ヘルスサービス）である。国が税金を財源として医療関係支出を負担している。医師や看護師はすべて国家公務員となり、医療費は原則として無料化されている。医療の地域格差が存在しない医療の普遍的モデルである。医療費の増加傾向に対処するために、受益者負担を一部分認めていく方向が出てきている。

第2のモデルはドイツ、フランスなど大陸ヨーロッパにおける社会保険方式である。日本はこの第2の類型に入る。財源は働く市民が拠出する保険料である。職域の健康保険でカバーできない自営業者は、「国民健康保険組合」を結成している。日本では、医師や看護師が全員、公務員となる体制ではなく、民間医療に委ねられる部分が多い。そのため、出来高による医師の所得に格差が生じ、無医村問題などの地域格差が発生する。

第3は、アメリカの自由診療制度である。アメリカには公的な医療保険制度は存在しない。任意加入の民間保険や企業内特殊原理による治療制度に頼っている。ここでは医療における貧富の格差が発生しており、大金を支払って高度先端治療を受けることができる人と、医療を受けることが困難な、したがって、安価な薬を求めてカナダまで買い出しツアーに出かける人の格差が生じている。薬を購入することすらままならない人に対しては、NPOやNGOによる支援活動がサポートしている。これが「低福祉国家」アメリカの姿である。

社会保障給付費の国際比較　　次の表V-2は社会保障給付費の国際比較のために作成したものである。

北欧三国のいわゆる「福祉国家」とこれまでいわれてきた諸国の水準と、ドイツ、フランス、スイス、オーストリアなど大陸ヨーロッパ諸国の福祉水準とはそれほど開きがなくなっている。他方、ニュージーランド、オーストラリア、アイルランド、カナダ、それにアメリカなど低福祉水準の国々は、自助努力を重んじる「アングロサクソン・モデル」に立脚する国々である。これら低福祉水準の国々に並んで、日本がランキングされている。

では日本はアメリカなどと並ぶ「低福祉国家」なのであろうか。それを検討するために、社会保障給付費の機能別比率を取ったのが、次の表V-3である。

表V-2　社会保障給付費の国際比較（対GDP）

国　名	2001年	国　名	2001年
デンマーク	29.2	ノルウェー	23.9
スウェーデン	28.9	ポーランド	23.0
フランス	28.5	オランダ	21.8
ドイツ	27.4	イギリス	21.8
ベルギー	27.2	ポルトガル	21.1
スイス	26.4	ルクセンブルク	20.8
オーストリア	26.0	アイスランド	19.8
フィンランド	24.8	スペイン	19.6
イタリア	24.4	ニュージーランド	18.5
ギリシャ	24.3	オーストラリア	18.0
EU-15平均	24.0	カナダ	17.8
		日本	16.9
		アメリカ	14.8
		アイルランド	13.8
		メキシコ	11.8
		韓国	6.1

出所）OECD *Social Expenditure Database 1980-2001*（2004）

高齢者の年金額水準を見てみると、日本は必ずしも低福祉国とはいえない。年金受給額も従前所得の59%を保障してきた「高福祉」国である。高齢者比率が増加し続け、その結果、年金の項目が徐々にイギリス・ドイツ・フランスに接近してきている。しかし、機能別に見た場合、もっとも顕著なことは「福祉など」に分類される「家族手当」「失業手当」「住宅手当」「生活手当」などの比率がきわめて低く、高齢者の年金や医療にあまりにもウェイトを置きすぎた制度設計をしていることである。

　統計上の数値の背後に「会社主義」と呼ばれる日本独自の「見えない社会保障」制度が存在するのである。

日本の「見えない社会保障給付」　表V-3に明らかなように、家族手当（専業主婦と児童）や住宅手当の支給水準が他の福祉国家に比べてなぜにかくも低いのか。それは社会経済システムの相違から起因する問題である。日本では、それらの諸手当は、社会保障の一環として普遍的原理にもとづいて誰もが一律に支給されるのではなく、日本では帰属する企業から、広義の「賃金」として支給される。持ち家支援策としては金利負担の援助を、企業から受けることができる。これらは《見えない社会保障給付》と見なすことができる。「見えない」と表現するのは、日本では、家族手当や住宅手当も「支払い賃金」項目の1つとして「給与」と合算されて課税所得の中に統合されるため、公的な社会保障項目に顔を出さないからである。これら追加賃金に

表V-3　社会保障給付費の対国民所得費（機能別）

	日本(2004)	日本	アメリカ	イギリス	ドイツ	フランス	スウェーデン
社会保障給付費	23.5	20.4	18.4	33.2	39.4	40.9	47.8
年金	12.5	9.9	8.4	14.4	16.6	17.6	14.3
医療	7	7.7	7.4	7.3	10.5	10.1	9.3
福祉など	3.5	2.8	2.6	11.5	12.3	13.2	24.2

注）1998年データ
出所）OECD *Social Expenditure Database 2001* 日本の2004年度推計は厚生労働省『社会保障の給付と負担の見通し』

企業ごとに持っている種々のフリンジ・ベネフィットを加えると、日本の社会保障給付費の対 GDP 比は、16% そこそこではなく、相当数、増加するはずである。それら「見えない社会保障給付」が、企業間格差を伴って企業特殊性原理によって支出されるのが日本社会の特徴である。

では、老齢や疾病、家族と並んで社会保障のもう1つの柱である失業リスクについていえば、失業率そのものは、欧米に比べて日本は格段に低く、2006年3月時点で 4.5% である。若年層の失業がその2倍ほどあると推計されている。しかし、失業率の中にカウントされないが、470万人にのぼるフリーターとニートと呼ばれる若者層は欧米基準でいえば、職業訓練を内包した雇用政策の対象となり、正規雇用者の地位を獲得するための様々な社会的支出の対象となる。日本では「家族」が若者の生活費の不足分を補い、成人しても独り立ちしない若者を支えている。若年層のうち失業者に近い人たちの社会保障給付を「見えない」形で家族が負担しているのである。これに公共土木事業支出のうちのいくらかを中高年の失業救済費用として算入すれば、「見えない」社会保障給付は、もっと大きくなり、日本は決して「社会保障貧国」ではなくなる。

企業と家族、政党という見えない社会保障給付に関わりを持つ3つの中間団体は、1955年体制、高度成長期、それに「ジャパン・アズ・No.1」と称された黄金の 1980 年代を通じて十分に機能し、日本型システムの強みとなってきた。バブル崩壊後15年経過した今日でも、なおその余韻が残っている。しかし、これら「見えない社会保障給付」は中間団体への「依存」の構造の上に立脚したモデルである。財政悪化からの脱却と民営化、個人化と自己責任、雇用の流動化と自己啓発など、モビリティ社会に向けた動きが顕在化する中で、企業と家族と財政再建を課題とする国家は、徐々に「見えない」社会保障給付を負担する能力を喪失している。

「見えない」社会保障の存在は、家族手当や育児休業手当など、少子化問題に対応する政策手段を手狭にしている。また、非正規雇用者の増大とあいまって、種々の格差問題を発生させている。正規雇用者の間の官民格差や大

企業と中小企業の規模別格差の問題は、失業率が2％台と低く、皆が正社員であった時代には大きな社会問題であったが、今はそれよりも正規・非正規の間の格差が大きな社会問題となっている。

日本の「企業内福祉」と格差問題　日本には他の先進諸国にはない企業内福祉という社会保障の格差問題が存在している。そこでは、①制度自体が欠落して、企業内福利厚生の問題にされているもの（住宅政策、家族手当政策、職業訓練など）と、②既存の社会保障制度と並立し、かつ企業間格差が甚だしく存在する制度（退職金など）、さらには、③制度自体に根本的な欠陥があるもの（雇用保険でカバーする育児休業制度）とに区別して考察しなければならず、イギリスやスウェーデンの普遍的モデルに統合しきれない企業特殊性原理（もしくは「会社主義」や「企業中心主義」）という日本社会の特殊性が存在する。

　企業が自社の従業員だけを対象にして支給する現物・現金給付を社会保障の対象項目にしないのは、定義上の問題として当然のことである。それらは「フリンジ・ベネフィット」項目として処理されてきた。第2次大戦前まで遡る社会保障制度の出発点においては、ある程度まで、自社従業員だけを対象にした福祉制度を充実させることが、とりわけ工業中心の資本主義であれば熟練工を引き留めておくために必要な政策であった。しかし、第2次大戦後、先進国で社会保障制度が拡充される中で、企業特殊な福祉制度は片隅に追いやられ、国民国家レベルで国民すべてを対象にした（普遍性原理）社会保障制度を整備するのが当然視されてきたにもかかわらず、日本では自社従業員のため（企業特殊性原理）という特殊利益にもとづく制度設計がいまだに大手を振って歩いている。

　企業は「広義の労働費用」を、企業が負担する社会保障費、例えば、年金や医療・介護、雇用の保険金拠出額（アメリカ、日本、ドイツは企業と労働者で折半支出している）を労働費用の中に含めている。これはミクロ的次元である。しかるに、拠出された社会保障関連支出は年金、医療・介護、雇用保険料だけにとどまらない。広義の賃金支払いとも解釈できる部分、すなわち「家族

手当」「住宅手当」「教育訓練費」「退職金」は、それぞれ社会保障項目に深く関わっている。

　少子化、若年層のフリーターとニート問題、非正規雇用者の増加への対応など、21世紀の社会保障制度が直面する問題は、創成期の貧困問題とは明らかに位相が異なる。企業として負担する「広義の労働費用」項目のうち、明らかに、流れ出る「水路」が時代に相即しないものがある。「水路」を変えて、時代が要請する方向に社会保障費が支出されるにはどうすればよいのか、企業特殊性モデルからの脱却という問題点を整理するために、まず日本における「労働費用」項目を表Ⅴ-4で示す。

　このうち「企業福祉」は「すべての国民にベネフィットが及ぶ年金、医療、介護」などの「法定福利費」と、「企業からすればそこで働く従業員にだけベネフィット（利得）が及ぶ福祉（橘木 2005、ⅰ頁）」がある。後者は企業規模や業種によって甚だしい格差が存在し、所属する企業によって質量ともに異なるために「企業特殊性原理」にもとづく企業福祉と表現する。後者は単純に「法定外福利費」だけにとどまらない。家族手当や住宅手当などの賃金支払い部分も関係する。

労働費用＝（A）「現金給与額」
　（A-1）「毎月決まって支給する給与」（「給与」＋<u>「家族手当」</u>＋<u>「住宅手当」</u>）
　（A-2）「賞与・期末手当」
　（B）　　「現金給与以外の労働費用」
　（B-1）「現物給与の費用」
　（B-2）<u>「退職金等の費用」</u>
　（B-3）「法定福利費」（健康保険料、厚生年金保険料、雇用保険料の企業負担部分）
　（B-4）<u>「法定外福利費」</u>（住居、食事、医療、文化・体育・娯楽、貸付金の金利優遇措置）
　（B-5）<u>「教育訓練費」</u>
　（B-6）「募集費」

　このうち、アンダーラインをつけた部分が、企業特殊性原理にもとづく企

表V-4　産業別労働費用

	労働費用総額	現金給与額			現金給与以外の労働費用							
		計	毎月決まって支給する	賞与・期末手当	計	現物給与の費用	退職金等の費用	法定福利費	法定外福利費	教育訓練費	募集費	その他の労働費用
調査産業計	100.0	81.7	65.4	16.4	18.3	0.3	5.8	9.3	2.3	0.3	0.2	0.2
鉱業	100.0	78.1	60.8	17.3	21.9	0.1	6.7	10.5	4.0	0.2	0.0	0.3
建設業	100.0	82.0	67.2	14.8	18.0	0.2	5.2	10.3	1.7	0.3	0.1	0.1
製造業	100.0	80.3	62.2	18.1	19.7	0.3	6.8	9.3	2.9	0.3	0.1	0.1
電気・ガス・熱供給・水道業	100.0	71.5	52.2	19.3	28.5	0.1	15.2	7.7	4.4	0.8	0.0	0.2
運輸・通信業	100.0	83.1	70.5	12.6	16.9	0.2	5.1	10.1	1.1	0.1	0.1	0.2
卸売・小売業、飲食店	100.0	83.0	68.4	14.7	17.0	0.3	5.3	8.9	1.8	0.3	0.2	0.2
金融・保険業	100.0	80.6	58.3	22.3	19.4	0.3	5.9	8.8	3.3	0.3	0.3	0.3
不動産業	100.0	80.3	62.8	17.5	19.7	0.4	7.5	9.0	2.1	0.2	0.3	0.2
サービス業	100.0	85.1	70.9	14.2	14.9	0.3	2.4	9.4	1.8	0.3	0.6	0.2

出所）『就労条件総合調査報告（平成14年）』。

業福祉である。逆に西欧の福祉国家では、これらは企業の「ウチ」と「ソト」を問わず、すべての国民を対象にして普遍的に支給される項目である。

4. 特殊モデルと普遍モデル——平等と格差

企業内福祉国家の問題点摘出　福祉のユニバーサル化、それもイギリス型のシビル・ミニマムな保障を国民の税負担分から拠出する考え方を取る場合にも、前提条件として、企業内福祉による格差問題を無視することはできない。なぜならば、シビルミニマムな福祉という考え方の根本には「平等」思想が横たわっているからだ。

　国家が財政支出する場合、消費税などの間接税と所得税や法人税などの直接税などの国民の税負担分にもとづく。そのうち企業が、本来ならば法人税や社会保障関係拠出金として国家に拠出しなければならない部分を、企業内

従業員に「広義の賃金」として支給してしまって、残余のうちから法人税として納付する仕組みが根強く残存している日本社会において、問題を対象化し、問題点を摘出して制度変更や政策立案に生かさねばならない。

対象となる項目は、扶養家族手当（専業主婦と児童）、教育訓練費、住宅関連費用、保養施設費、最後に退職金である。これらの項目が企業独自の制度として維持され続けている限り、巨大な企業間格差がそのまま放置されるし、ユニバーサルな福祉制度の形成は覚束ない。逆に官民格差や規模別格差を伴って広義の賃金として「正規」被用者に対して支払われる諸手当や教育訓練費が税もしくは拠出金として統合されれば、すべての国民を対象にした普遍的制度に向けての制度変更に一歩近づくことになる。ここでは、日本と同様に長期継続雇用（「終身雇用」）によって特徴づけられるフランスを参照事例として取り上げる。

フランス「家族手当金庫」の創設から何を学ぶか　　フランスの社会保障制度の出発点をなすのは、企業ごとに従業員に支出していた「家族手当」を、どの企業に所属していようが、一律に支給される「家族手当」という普遍的原理を具現化した「家族手当金庫」を創設した1918年である。

個別の企業ごとの家族手当の支給は一種の「超過賃金 sursalaire」と見なされていた。これは日本でも第2次大戦前に、熟練工を同一企業内に留め置くために、恩賞的色彩の強い手当や賞与を支給したのと酷似している。フランスの独自性が出てくるのは、地域ごとに共同の「金庫」を創設したことである。雇用主が「家族手当金庫（もしくは補償手当金庫）」（浅野 2005、246頁）を創設した。いわば「自生的な秩序」として形成された各地方の「家族手当金庫」が、全国規模適用になるプロセスは1932年の法律の制定までをたどる必要がある。

フランスのどこかの地方で「家族補償金庫」という名前の「金庫」がまず成立する。各種のイデオロギーが介在し、かつ労働組合運動やカトリックの運動などに媒介されて、その「金庫」という形態を取った制度が他の地方に

も伝播・普及する。最終的に国家レベルでの普遍性や強制力の行使の問題へと高められる。立法機関においても焦点の問題となる。こうして、1932年の立法化によって、家族手当の普遍的適用が可能になった。しかし、財源や管理を含め家族手当金庫のシステムは、今日まで続くモザイク的性格を刻印する。このモザイク性はフランス社会保障制度の先駆性を示すものでもある。金庫の管理運営の自主性を始めとして、労働法制の成立の仕方を見ても、雇用主代表と労働組合全国組織代表との間の粘り強い話し合いの末に合意に達して、その「労働協約」を立法化するという法の＜後追い的性格＞もまた、家族手当金庫の創設と立法による家族手当金庫の普遍化過程の中に「原型」を見ることができる。この場合、ベバリッジ型の福祉国家における国家の役割とは異なり、フランスにおいては国家の役割は常に「最小限国家」のままである。

　家族手当の前身は、まず現在の日本と同様、超過賃金としてスタートしたのである。ここには当然、企業間格差や業種間格差が存在したはずである。それが、個別企業ごとの給付ではなく、「金庫」をつくり、その「金庫」に各企業から拠出させ、拠出金から対象となる労働者に一律に支給する。児童数に応じて「一律に」とは、所属する企業間格差が入り込まない、「平等」を意味する。「一般化」を目指しながら、税による国庫負担という意味での一般的枠組みではなく、あくまで、フランスの共済組合原理を固持しながらの一般化である。家族手当の拠出は全額、雇用主であり、これは今日まで維持されている。

5. 日本における社会保障制度の再編と課題

　マクロ経済的な変動要因　　経済のグローバル化に伴って、企業は国際競争の只中にあって、社会保障費を含む広義の人件費を削減しつつある。その結果、雇用形態が多様化し、社会保障制度そのものに、大きな影響を与えている。ここでは社会保障制度を取り巻くマクロ的な要因について、簡潔にふ

れ、今後の再編の行方や政策課題についてふれよう。

第1に「少子高齢化社会」の到来がある。合計特殊出生率が2005年度は1.26まで急落し、政府見通しよりも低位で推移している。高齢者の増加による高齢者医療費や介護費用の増大、老齢年金給付の見直しを迫るのが、少子化や高齢化と人口の減少である。

第2は就業形態の変化が社会保障制度に与える変化である。社会保険原理にもとづく社会保障制度は、「正社員」を念頭に置いた制度枠組みを根幹としている。パートタイマー労働者が、西欧諸国のように「正規労働者」の範疇に入り、有給休暇や育児休暇、年金受給などの権利を有する制度枠組みを持っている場合と、日本のようにパートタイマー労働者が「非正規社員」の範疇に入る場合とでは、雇用環境の変化が社会保障制度に及ぼす影響力がはるかに異なってくる。

第3は、第2の要因と密接にからむ「グローバル化」の進展である。上場企業の外国人持ち株比率が上昇し、「従業員重視型」の経営から「株主重視型」の経営に傾斜していく中で、今後、日本企業は広義の労働費用を圧縮する必要性に迫られている。そのために、社会保障関連費の事業主負担を軽減するために、ますますコアとなる正社員の比率を下げて、周辺労働者の比率を増加させる方策を取る企業が増えることが予想されるが、社会保障制度の充実という観点からは、マイナスに作用する。

第4は、家族をめぐる制度設計の問題である。核家族化が進行してすでに久しい。離婚率も上昇し、親子同居世帯比率が低下し、若者や高齢者の単身世帯が増加している。その中で、古い民法と古い「イエ」イデオロギーに立脚した「家族責任」論が横行している。少子化対策を「家族の責任」として放置しているのは先進国で日本だけだろう。

以上のような社会保障制度を取り巻くマクロ的環境は、日本で制度設計がなされた1960～1970年頃とすっかり変化していることを、まず認識しなければならない。高度経済成長の只中にあって、失業率は低く、日本的経営にもとづく終身雇用制度、若い人口構成と増加し続ける人口、どれを取っても

1960～1970年頃は、今と逆の方向を進んでいた。

　今後は公的扶助のバラマキではなく、失業者や低所得者に対して、能力開発に向けた就労支援（ワークフェア）という、雇用・教育政策と一体となった取り組みが必要である。また、社会保険の枠組みが正規雇用者と非正規雇用者との間に、所得だけでなく年金給付額においても大きな格差を生じさせている。

　社会保険にもとづく年金や生活保護世帯に対する現金給付は国がおこない、他方で、医療・福祉・高齢者介護・障害者介護などの現物給付の方は、国ではなく地方自治体の権限と責任を大きくするという基本的な制度設計が必要である。現物給付のうち介護などの対人社会サービスの分野では、供給主体としてNPO法人の参入が見込まれている。地方自治体がイニシアティブを取りつつ、質の高いサービスを提供するためのネットワークづくりが必要である。

2004年の年金改革の限界　　2004年の年金改革は、少子高齢化と人口減少社会への突入という事態を大前提にした重大な制度変更がなされた。それが「マクロスライド方式」の導入である。日本の厚生年金や共済年金は、現役世代が老齢世代を養う「世代間連帯」の賦課方式を前提に、給付水準を一定に保ち、従前所得の59％保証の考えに立っていた。少子高齢化の進展により、従前所得の59％を保証するためには、当然のことながら現役世代の社会保険料率を小刻みに上昇させる必要がある。2004年の年金改革は、従前所得の59％保証を引っ込め、給付水準を徐々に低下させ、かつ給付年齢を65歳にまで引き上げ、従前所得の50％保障に変更するとともに、現役世代の保険料率引き上げを最小限に抑えて、2017年以降は18.3％で頭打ちとし、収支の均衡を達成しようとした。

　現役世代が拠出する社会保険料を引き上げ続けることはできない。現役世代が老齢者の年金を負担する「賦課方式」を前提にするならば、少子高齢化というマクロ経済的な変動要因をビルトインした年金制度にしなければなら

ない。正社員と終身雇用を前提にした現行の日本の年金制度の枠組みの中では、2004年改革は一定の前進である。

しかし、正社員と終身雇用を前提にした雇用システムそのものが、いま急速に変化しつつある。ニートとフリーターの出現だけでなく、企業側の人事政策としてコア人材を極力抑え、周辺労働者として派遣労働者や請負労働者、パートやアルバイトを大量に採用するようになった。これら「非正規雇用者」を念頭において年金制度を構築しなければならないが、2004年改革は、その課題に応えることができなかった。パート労働者という、長期にわたって、実態は正社員と変わらぬ職務をこなしている「自社社員」の厚生年金適用が2004年年金改革では、見送りとなった。

日本は世界でも有数の年金積み立て残高保有国である（国民年金と共済・厚生年金の積立金残高、2006年3月発表の2004年度残高は147兆9619億円）。しかし、少子高齢化の進展も急ピッチであり、かつ、正社員と非正規社員の格差問題にも早急に取り組まねばならない。

「国家」の後退と若年重視の社会保障　　先進国はいずれも外部環境の変化に対応するために、福祉の再編過程に入っている。

国家財政赤字と社会保障費の削減、地域社会への役割移譲や、生活保護型ではなく就労支援への転換が進められている。この意味で従来型の福祉国家の役割は、後景に退きつつある。

まず、1970年代に確立された福祉国家の「財政」悪化である。現金給付による社会保障体系から、現物給付型の社会保障体系への移行が必要になり、国家から地方自治体への権限委譲が行われている。地方分権化の流れである。

日本でも、貧困者に対するセーフティ・ネットとして現金給付を維持し続ける政策を見直し、生涯学習社会と知識基盤社会という基本的なコンセプトにもとづいて、生活支援が必要な人に対して、就労支援のための職業訓練機会を拡充したり、大学での教育を受ける機会を設けたりすることが必要である。生活保護改革や母子世帯向け政策の基本的なコンセプトはワークフェア

的な発想にもとづく自立支援である。ドイツのデュアル・システムやフランスにおける各種の職業訓練制度や職業教育休暇制度など参照事例は多い。

　しかし、制度変更のために根本的に必要なことは、社会保障という枠組みの中に「教育」をビルトインすることである。親の所得による機会の不平等が急速に進行し、かつ「フリーター」という日本特殊な若者の非正規雇用が増大する中で、高齢者のための社会保障制度を、0～15歳の年少者に目を向けた社会保障制度につくり変えねば、少子化対策も有効なものにならない。社会保障を考えるとき、従属人口（15歳未満、65歳以上）のうち、65歳以上の高齢者と生産人口（15以上～65歳未満）との関係にのみ、目がいきがちであるが、次世代を担う従属人口（15歳未満）に関して、育児支援、教育システム改革、奨学金制度の充実、職業訓練や職業選択などの諸点に重点を向けねばならない。この点、高齢者のための年金制度の充実よりも、若年者の教育に国富を振り向けているシンガポールが参照事例になる。2004年度の社会保障給付費の構成を見てみても、総額85兆6469億円のうち、年金の支給額が45兆を超える規模になっているのに対して、「児童福祉・出産関係費」はわずかに3兆4228億円であり、日本がいかに高齢者重視・若年者軽視の「年功序列」社会に傾斜しているかが分かる。

　少子化対策や若者の就労支援が叫ばれているが、社会システム全体でいえば、大学などの高等教育機関の授業料を無料にしているドイツ、フランスの国々を考えると、社会保障の考え方を、より若年層の支援に変更すべきである。少子化対策として、正規・非正規を問わず、すべての女性に対して、育児休業制度を確立し、年金拠出期間に算出している西欧諸国は多い。かつ育児休業中の所得保障についても、日本では子供の誕生と育児が「家族の責任」と考える時代遅れの保守イデオロギーがいたるところで蔓延している。1970年代以後の女性の社会進出に伴う社会保障上の措置が、左翼右翼を問わず、有権者確保という政治上の観点から、整備されてきた西欧諸国。他方で1973年のオイルショック以降、職能資格制度と男子正社員・女性専業主婦モデルに立脚して、「第3号被保険者」に象徴される年金・医療保険制度

の制度設計と、企業内福祉制度の拡充による「扶養家族手当」を充実してきた日本企業は、西欧諸国とはまったく逆の方向に走ってきた。児童の社会化という思想は根づかなかった。ここからは、若年者中心の社会システム創造の動きは出てこない。

NPO——「現金給付」から「現物給付」へ

団塊の世代が後期高齢者(75歳以上)になる2022年以降、高齢者への高額な「現金給付」システムの破綻が予想される。今から、「現物給付」システムへの転換を準備しなければならない。現物給付の代表は「医療」と「介護」であるが、ここでは本章の結びとして「介護」サービスの供給主体としてのNPOについてふれる。

障害者福祉や高齢者介護は、サービス受給者の「近く」に供給者が存在し、かつ、受給者と供給者が、相互に立場の交換可能な組織づくりが望まれる。いま地方自治体がイニシアティブを取り、財政的・人的支援をして、NPOを立ち上げている。

日本のNPOは都道府県知事の認証によって法人格を得ることができ、特定非営利活動促進法(NPO法、1998年12月施行)にもとづき、2006年8月現在、全国で2万8000もの団体が存在する。しかし、財政基盤が弱く、補助金と手数料収入各50％で、NPOの本領である寄付金収入はきわめてわずかである。NPOの本場アメリカでは、NGOだけでなく、NPOに対してもかなりの寄付金が寄せられる。推定年間、24兆円を超す寄付金がNPOに寄せられる。ネックとなっているのが「寄付金控除税制」の未整備である。個人がNPOに寄付した場合に、所得税減税の恩恵にあずかることができるこの税制は、官よりも民間の力で社会福祉事業を展開するアメリカならではの社会システムともいえるが、税を徴収し、そのカネでNPOを始めとする福祉団体に「補助金」をばらまく、「官」による迂回的方法よりも、サービスの受給者の身近な存在であるNPOに、将来の受給者が自分の選択で寄付した方がより効率的であり、かつ不正の温床を元から断つことができる。

NPOの会計方式が十分に整備されていないために、寄付金控除税制によ

り「認定NPO」になったNPO団体はいまだ48団体にとどまる。NPO自体、サービスの市場交換ではなく社会的交換の領域に踏み込んで、サービスの対価としての手数料を徴収しているのだから、会計基準を明確にし、透明性を高めねばならない。国税庁長官の認定を受けるために、貸借対照表による資産管理と損益計算書による期末ごとの収支をいつでも公表できるように備えねばならない。

【参考文献】

OECD　2004 *Social Expenditure Database 1980-2001*
浅野清　2005「フランスの年金改革」「フランス社会保障組織の2類型」「フランスの家族手当と育児支援」浅野清編『成熟社会の教育・家族・雇用システム―日仏比較の視点から』NTT出版
市村弘正・杉田敦　2005『社会の喪失―現代日本をめぐる対話』中公新書
エスピン-アンデルセン，G.（岡沢憲芙・宮本太郎監訳）　2001『福祉資本主義の三つの世界―比較福祉国家の理論と動態』ミネルヴァ書房
大沢真知子　2006『ワークライフバランス社会へ―個人が主役の働き方』岩波書店
鹿嶋敬　2005『雇用破壊―非正社員という生き方』岩波書店
駒村康平・城戸喜子編著　2005『社会保障の新たな制度設計―セーフティ・ネットからスプリング・ボードへ』慶應義塾出版会
小峰敦　2000『経済思想―福祉国家の成立史』電気書院
佐藤博樹・武石恵美子　2004『男性の育児休業―社員のニーズ、会社のメリット』中公新書
白川一郎　2005『日本のニート・世界のフリーター―欧米の経験に学ぶ』中公新書ラクレ
橘木俊詔　2005『企業福祉の終焉―格差の時代にどう対応すべきか』中公新書
橘木俊詔　2006『格差社会』岩波新書
中垣陽子　2005『社会保障を問いなおす―年金・医療・少子化対策』ちくま新書
広井良典　1999『日本の社会保障』岩波新書
広井良典　2006『持続可能な福祉社会―「もうひとつの日本」の構想』ちくま新書
松谷明彦　2004『人口減少経済の新しい公式―「縮む世界」の発想とシステ

ム』日本経済新聞社
メリアン，F. X.（石塚秀雄訳）　2001『福祉国家』文庫クセジュ

第6章

教育システム改革

1. 揺らぎの中の教育制度

　いま学校が揺れている。2度にわたる学習指導要領の変更（「新しい学力観」〔1989年改訂の学習指導要領のキーワード〕と「ゆとり」「生きる力」〔1998年改訂の新学習指導要領のキーワード〕）によって、2002年度から、完全週2日休み、教科書分量3割カット、総合学習の時間の創設、国歌・日の丸の強制。「こころのノート」（非合法の「国定教科書」）の配布、指導要領が最低基準か上限かの解釈の混乱、1999年における「塾」の公認（＝旧文部省が塾を教育組織として認知）、公立の中高一貫校の新設など、矢継ぎ早の改革が進行している。
　社会経済的な環境変化に促され、教育の制度設計における指導的な「思想」が変化した。その変化した「思想」によって、「学力」観が変化し、学校教育の役割が変化し、教師の位置づけが変化した。義務教育それ自体が、大きな変化の中に投げ出され、"学校が揺れている"という表現になる。基礎的学力が低下しているのかどうか。「学力」をどのように定義するのか。教育の目的はどこにあるのか、など論点は多岐にわたる。
　かつて日本の教育制度は、義務教育から高等教育段階に至るまで、モノつくり段階の経済成長を支える有為な人材を社会に送り出すための中央集権的システムとして、きわめて有効に機能していた。それは「平等」主義的な「機会の均等」原則によって、努力と勤勉を奨励するシステムでもあった。＜知育＞だけでなく、＜知育・徳育・体育＞の有機的な訓練と成績評価の仕組み

を備えた日本の教育システムは、工業段階の資本主義企業を支える勤勉で企業依存的で、かつ集団主義的なパーソナリティを備えた青年を育成することができた。日本の学校教育に特徴的な班活動や、遠足、運動会、学芸会、修学旅行など、特別活動のための「準備」活動を重視し、その中で集団的活動における「個」としての児童の発達過程を重視してきた。＜読み・書き・そろばん＞等の基礎学力の訓育だけでなく、「知育」の外にある特別活動とその準備活動によって、日本の義務教育は工業段階の日本的＜会社主義＞にとって、きわめて適合的であったといえる。

しかし1980年の初めを境にして画一的な詰め込み教育ではなく、「個の重視」をスローガンにして児童の意欲や関心や主体性を「引き出す」児童中心主義教育へと転換してきた。児童が抱く価値観はモノつくりの高度成長段階と、情報化社会段階（高度消費社会段階）とではおのずと異なる。「個性」重視の教育風潮は、1980年以降、日本においても「児童中心主義」の教育観として、はっきりと現場の教師のところまで浸透したが、それが従来培ってきた教育観と原理的にどのような食い違いをもたらすのか、総合的な観点から把握することが必要である。

その転換を主導したのは、中曽根首相直属の「臨時行政調査会」(1984年)であった。教育方針の転換は1989年の学習指導要領に明示され、学校現場に大きな混乱を巻き起こし、現場教師の新学習指導要領への手探りの対応をもたらした。他方では学校教育の＜外＞にある、業者テストによる偏差値重視体制を今日まで温存してきた。父兄が信奉する＜よい大学＞＜よい会社＞＜よい人生＞の価値幻想に応えるために、「相対評価」と「自動進級制度」を維持してきた日本の義務教育は、学校外の評価システムに依存する体制を温存し、強化してきた。

大学の方は1975年の改革以後、1991年の「大綱化」と規制緩和路線による変化が特徴的である。旧教養課程の解体、学部の新増設にあたっての、文部省による認可制度から「届出制」へ、規制緩和路線に適合した180度の転換、さらには第三者評価制度の確立によって、大学も不断の改革路線に突入

した。

　本章では、日本の教育制度を海外の制度と比較しつつ、日本の教育制度の特殊性を検出する。そして教育（義務教育から高等教育まで）システムを社会の中で考察し、雇用システムや、昇進・昇格システム、一般に成績評価の仕方まで含めて、システム間相互の連関についても考えてみる。

2.　義務教育の変遷

　学校教育は近代の産物であり、近代の「国家」が国家臣民（もしくは市民）を教育する体制を整える必要性に迫られた。まず言語（国語）の習得。その上で、法規範を理解し、「契約」にもとづく経済行為を中核とする市民生活を送れるよう、国民を教育訓練することが近代の国家にとって「義務」となった。法律によって定められた年齢に達した児童を持つ親は、児童を学校に送り出す義務を有する（ただし、アメリカとフランスでは学校への就学の義務はなく親の責任で「家庭内」教育を実施することを法律によって認めている。ただし「視学官」による認定を要する）。

　<知育・徳育・体育>の導入と成績評価の変更　　明治期における日本の学校制度は、民法や軍隊制度などとともにフランスのシステムが導入された。そこでは、厳格な「絶対評価」と落第制度が特徴的であった。留年する者が多く、低学年が下膨れする学年構成をもたらした。このフランス的学校制度も徐々に改定されて、1890年における第2次小学校令の改正により、「知育」だけでなく「徳育」を重視した成績評価と進級制度が導入された。1900年の第3次小学校令改正により「体育」が必修科目となった。儒教的倫理観（年齢階梯主義と父権主義）にもとづく「徳育」の導入（1890年、『教育勅語』の制定）により、義務教育としての小学校では、それまでの修得主義と絶対評価による成績評価から、「知識」だけで評価するのではなく年齢とともに進級する自動進級制度が始まった。年齢の同一集団において均等な体格を備えた「集

団」の育成は、軍事的な人材育成にとって必要不可欠であったからである。
　かくして、日本の教育制度を支える基本的な特徴は、第2次世界大戦の前に、すでにその原型は1890年（第2次改正）から1900年（第3次改正）の、つまり日清戦争をはさみ「軍国主義化」を目指した時期にまで遡ることができる。全国画一的（均等）な義務教育の実施体制。就学義務と戸籍管理のための、文部省と内務省の二重監督下に置かれた学校。西欧のように「知育」だけに特化した学校教育ではなく、「知育・徳育・体育」のバランスを取った教育。絶対評価ではなく、学級内の相対評価と自動進級制度。班活動や、種々の学校行事のための準備活動、朝礼などにおける「集団主義」的徳目の徹底などは、戦後の高度成長期や、さらに21世紀にまで連綿と引き継がれてきた。体育や徳育は公教育の課題ではなく、家庭内や各種ボランティア団体に所属しておこなう「私的事項」と見なしてきた欧米の義務教育と日本の義務教育との大きな差異がここにある。全国どこへいっても、トラック（円周）の運動場がある日本の小学校の特異性について、われわれは十分認識してこなかったのではないだろうか。運動場を整備し、体育館やプールを新設するために、全国画一的な文部行政が戦後60有余年のあいだ、支配してきたのである。今日の義務教育段階における「いじめ」問題への対処一つ取っても、教師、児童いずれの側においても知育・徳育・体育と特別活動や部活によって、学校にすべての機能が集中化していることを、まずもって日本の特殊性として認識できる知性がないと教育改革は無意味に終わる。

2つの「教育観」　《小学生や中学生のとき、科目は問わず、先生から「日本は島国で資源が少ないため、原油を始めとして輸入に依存している。そのために外貨（ドル）が必要であり、一生懸命に働いてモノをつくり輸出しなければならない。」という話を聞いた覚えがありますか？》という内容の質問をこれまで学生にしてきた。
　「日本＝資源小国」と「貧乏からの脱却」という言説は、日本人の勤勉のエートスを形づくってきた。これは戦後世代のある年代までは、共通する

エートスである。頑張る、遊びは悪、努力、社会的上昇、整理整頓、モノを大切にする、朝礼では一糸乱れず等など。学校だけでなく、マスメディアや、家庭内のしつけにおいても同様の言説があふれていた。

　しかし、2度にわたるオイルショックを乗り切り、1985年のプラザ合意後の「円高局面」とバブル期以降に小学校の高学年（10歳）を迎えてきた世代の若者には「強迫症」のメンタリティは少数派になり、代わって、「自己愛症」のパーソナリティの若者が増えてくる。貨幣経済が児童にまで浸透し、モノの豊かな時代を超えて、何でもカネで買え、自分に合った好きなモノを選択することが可能な「消費主体」として児童は自己形成してきている。ここでは「個性」や「選択」がキーワードとなる。これに対して、1985年以前に、自我形成と社会化のプロセスを歩んできた「戦前派」や戦後世代に共通する「貧乏からの脱却と資源小国日本」という自己＝世界認識は、義務教育を監督する教育委員会や学校の校長・教頭先生、さらには経験豊富な教師たちすべてに共通する世界観であった。ここでは、教師が教える「主体」であり、生徒は「客体」であった。

　他方で、1980年代以降、少子化の進展、消費社会の子供への浸潤によって、親は子供の欲望を満たすことだけを考えて子供の「全能感」を助長し、自己愛症的人間をつくってきた。子供は、消費の「主体」に転化している。学校現場で、従来通りの教師が主体、子供が客体という関係は、消費者として主体になり、選択の自由を知っている子供からすれば、「管理強化」の心情＝不自由感を強く持つことになる。この「対立」状況から、一歩進んで、「児童」に足場を置いた教育学説が登場する。それが「児童中心主義（child centered approach）」である。従来は「教師主導型」である。生活体験に根ざし、職業に結びつけ得るような実践的な教育を志向する「経験主義」が前者であり、後者は、知識中心の教科体系に沿った「系統主義」である。成績評価についていえば、後者はペーパーテストによる「相対評価」であり、生徒はこのテストにより、自分の受験学力の位置を知ることができた。前者に即しては1998年改訂の学習指導要領から「観点別絶対評価」という、本人の

意欲や関心を重視した成績評価に変わり、3段階の観点別絶対評価において、最低点をつけられることはなく、誰もが、何かしら肯定的に評価され、生徒の自己感情を高めることに寄与している。

児童中心主義　J. オルテガによれば「児童中心主義」の教育観は、『エミール』を書いたJ.-J. ルソーの「消極教育」に淵源を持つ。文明の不可逆性を主張したルソーは、社会悪の進行を少しでも遅らせることは人智によって可能であっても、文明の悪を治療することは不可能であり、ましてや文明を捨てて未開の生活に戻ることも不可能だと悟った時点で、新しく生まれてくる子供の教育に再生の道を見つけようとした。「文明に対するペシミズム」から生まれてきたのが『エミール』である。

　J. ペスタロッチやドイツロマン派の哲学者たちを経て、実際に学校現場で「児童中心主義」の教育を実践したのは、J. デューイである。「教育とは『抽き出す』ことを意味するとは非常にしばしばいわれた言葉であるが、もしわれわれがそれをたんに注入という過程と対照する意味においてのみ用いるならば、それはよい言葉である。」(デューイ1957、47頁)

　シカゴ大学付設の実験校でデューイが行った消極教育(「抽き出す」実践)は、豊かな白人の子供140人に対して教師23人、大学院生のTA (teaching assistant) 10人という、非常に恵まれた環境にあった。児童5〜6人に1人の教師が立ち向かうという通常の学校とは異なる環境の下で、児童中心主義教育がおこなわれていた。シカゴの実験校は、デューイがコロンビア大学に移る1904年までの8年間しか存続できなかった。児童一人一人の能力と関心を抽出できるカリスマ的な指導者の下に結集した優秀な教師集団によって実践された児童中心主義教育の原型は、通常の学校教育とは異なるものであった。

　わが国では、大正期の自由主義教育運動において、ルソーの『エミール』が紹介され、児童の生活と経験を重視した実践的な教育論として影響力を持った。第2次世界大戦後の「占領軍」の影響下においても、生活綴り方や経

験重視の教育論として児童中心主義の教育は生き続けてきた。生きるという原点に立って、人間の成長と自己実現を志向する教育思想は、テレビなどを通じた消費文化が児童に浸透していく様を批判的に捉え直す戦後の知識人たちによって支持され続けてきた。ただし、学校という限られた空間で、児童中心主義を実践せよという主張ではなく、「資本主義」的消費文化に対して、いかに生きるべきかという次元で発せられた戦後知識人たちの学校批判的な言説は、多くの人を魅了し、学校現場に立つ教員を排除した審議会や内閣直属の臨調の場で、教育改革をリードする思想となり、文部官僚の支持を得たのである。「生きる」「個性重視」「選択」など、グローバル化段階の市場経済に符合するキーワードとともに。

　学校教育の矛盾──規律・社会化　モノつくりの「キャッチアップ」段階では、目指す目標があり、そのために基礎的学力を「すべての」児童にいきわたらせるための「画一的教育」が必要であった。それに対して、GNP大国となり経済競争の先頭に踊り出た段階では、「創造的」能力の育成が必要であり、画一教育はもはや不要であり、能力別クラス編成にもとづき、児童一人一人に即した教育こそ必要であるとの言説が巷に氾濫している。しかし、このような認識は段階論であり、学校教育の本質論ではない。教員・生徒比率や全教員の能力向上と動機づけ手法の開拓抜きに、児童中心主義教育を主張することは、まったく非現実的である。義務教育の学校現場にこの非現実的な教育思想が持ち込まれたために、授業の前半で生徒の「意欲」を「抽き出す」ための様々な創意工夫が教師に求められた。そのため、動機づけの手法に習熟していない教師の授業では、途中でチャイムが鳴り、予定通りの学習を終わらせることができないという事態が発生し、学力低下の遠因をつくった。

　消費主体として育て上げられ、様々な遊びの誘惑の中にある児童に対して、＜読み・書き・そろばん＞を始めとする基礎的知識を習得させるために、児童一人一人に、自分の将来のために基礎的知識の習得は「必要」だと納得さ

せ、自ら学ぶ意欲を喚起することができるようになるには、おそろしく長い「児童中心主義教育」の期間が要るし、そのあいだ家庭教師（ルソー）が児童（エミール）につき添わねばならない。遊びの誘惑の多いマスメディア環境に育った現代の児童に対して、児童の「意欲」や「意向」を尊重することは、学びよりも遊びを選択する児童のワガママを助長し、無理に詰め込み教育をするべきでないという教師のサボタージュを認可し、ひいては大幅な「学力低下」という事態を招くだけである。詰め込み主義教育の廃止は、児童自らが学ぶ「意欲」を持つ段階、いわば独り立ちして後に初めて可能になる。勉強の面白さを知り、自己の関心がどこにあるのか、将来に向かって、どの分野を重点的に学ばねばならないのかを自覚する前期中等教育段階に至って初めて可能になるのである。

　個性重視の教育は、児童の主体性を重んじるという言説と結びつくとき、ややもすると児童のワガママを助長することになる。これは、決められた時間を守る、約束を実行する、人の話には耳をかたむける、出された宿題は必ずやってくる、集団の規則には従うといった、学校教育が担っている「社会化」の機能にも甚大な影響を与えることになる。義務教育の初期段階における「しつけ」を受けて、児童は知らず知らずに「社会的態度」を身につけることができる。自己をコントロールできる自立した個人を形成する第一歩を記すことができる。さらにまた、社会生活の規範や規律に対して、異議申し立てをおこない、法律そのものをつくり直す「市民」として自己形成するためには、後から生まれてきた者は、まずもって既存の法に服従しなければならないのである。

　ここでは、経験を重視した哲学者、森有正の言葉を引用しておこう。

　　「［学校］教育は、大きな矛盾を抱え込んでいます。というのは時間と忍耐とをもってしかわからないことを、最初から教えだすからです。それで生徒は、それについて紙に答案を書いて出す。これは全部順序が逆になっているわけです。これは教育というものがもっている本質的な矛盾で、私たちはそれに耐えて教育を行わなければなりません」（森1976、

42-43頁)

「集団主義と個人主義」再考――集団の目標と個人の権利　共同体も市民社会も、その成員は相互に異質な存在であり、個々人の「差異」が存在する。しかし「共同体」では個々人の差異が存在していても、その差異が顕在化しないようにシステムが働く。市民社会は個々人の差異を大前提にし、相互の差異を相互に承認し合った上で、「共通のルール」をつくり上げる。共同体においては「同一性」と「同質性」が支配し、上に立つ者の意志が全員の意志となる。

　日本で長らくいい習わされてきた「集団主義」的な社会と「個人主義」的な社会の差異についても、同様のことがいえる。両者とも、個々人の差異があり、私的利害がある。ただ、集団例えば、会社という営利組織の一員として、会社の都合で「残業」や「休日出勤」を求められたり、生活の拠点から遠く離れた営業地点への「異動」を命じられた場合に「No」といえない仕組みをつくり上げ、家族生活を犠牲にしてまで「家族のために働いているという擬制＝犠牲」の精神が形成される場合に、会社主義とか集団主義という用語が形成される。職業訓練休暇やバカンス休暇、さらには育児休暇など、事前の計画と了解を得ておこなわれる「欠員」だけでなく、子供の突然の発熱など、夫婦どちらかが休まなくてはならない場合を想定して、ここでは「欠員補充の問題」を立ててみよう。

　日本社会は祝日だけ取れば、世界一多いし、週休二日制が定着しているので、年間労働時間は短いかといえば、そうではない。フランス、ドイツが年間1600時間であるのに対して、日本は1800～1900時間、その上、残業（無給）が加わる。

　男性の育児休業制度が制度として「存在」するにもかかわらず、育児休業を取得する割合はいまだ0.5％にとどまる。これは、出世競争に後れを取る不安感もあるが、根本には、男子正社員＝女子専業主婦という枠組みから日本社会が抜け切っていないからである。結婚式と一親等の冠婚葬祭には「理

第6章　教育システム改革　127

解」があるが、それ以外の、育児休業や、職業訓練休暇、バカンス休暇を取ろうにも、その穴を集団全員で埋めねばならないという、職務の個別化ができていない会社組織なのである。病欠の欠員を小集団全員の残業を含む労働によってカバーするシステムでは、おいそれと休みを取ることができない体制に「追い込まれている」のである。

　こういう「集団でカバーする」というメンタリティは、義務教育段階から培われている。制度として「個人の権利」が存在していても、使えない権利は権利ではない。列車が走らないレールはもはやレールではない。「法律」によって認められていても、実際に行使できなければ「権利」ではない。

　現在進行中の個性重視の教育は、一見するとアメリカの影響を強く受けた「個人主義」観に立脚しているように思われる。しかし、義務教育の現場では、依然として「集団主義」的価値観が尊重され、訓育されている。遠足、演芸会、運動会などの特別活動とその準備活動。各学期末におこなわれる全校一斉の校庭大掃除における班別割りあて。掃除と給食の当番制。階級的遺制の強い西欧諸国では、小学生に教室の掃除を義務として励行することはしない（掃除は、特定の、例えば低所得者層に割りあてられた仕事である）。しかるに日本の義務教育では＜知育・徳育・体育＞のバランスを取った教育訓練という至上の目標に沿って、どのような生まれの児童であっても差別することなく、掃除や給食当番が回ってきたり、特別活動の準備では、「全員」参加型の活動が義務づけられる。特別活動の準備活動や掃除の班活動において、仕事の「個別化」や「細分化」は許容されない。あくまで集団としての目標達成を義務づけるシステムが小学生段階から「しつけられる」のが日本の特徴である。

　2節で述べた小学校のグランドの話を思い出してほしい。日本では「当たり前」と思われていることが、実は、日本だけの「特異」な現象であったりする。個性重視の「ゆとり」教育は、日本的システムの根幹をなす「集団主義」的「しつけ」部分に手をつけることなく、カリキュラム改定のみにとどまっているために、いたずらに教育現場に大混乱をもたらしただけである。

3. 中等教育修了資格試験の意味

職業団体と「出口管理」の厳格化　中等教育（日本では高等学校）の終了時点で、全国一律の学力試験制度を備えているのは、ドイツ、フランス、イギリス、アメリカ諸国である（アメリカは「州単位」で実施）。大学という上位の高等教育機関への「入学資格」を問うと同時に、高等学校の「卒業資格」のための試験でもある。

日本では、厳格な成績評価を実施してきた明治初めの学校制度にも、この中等教育修了資格試験制度は導入されなかった。義務教育→高等学校→大学、という教育組織ごとに「出口管理」を厳しくする方向ではなく、逆に「入口管理」を厳しくする「選抜試験」制度の方向に日本は進んできた。他方、欧米諸国では「出口管理」を厳しくし、各教育組織が発行する「学位免状」の社会的信認を勝ち得るために、各教育組織が成績評価や進級制度、卒業試験などを厳格に実施してきたという長い経験の蓄積がある。さらに、医者、法曹、教職という三大専門職を初めとして各種の職業団体の力が強く、高等教育の整備と並行して、学位資格と職業資格とを連携させてきたという歴史的経緯がある。国家による統一的な専門職資格試験制度と、市民社会の構成要素である「職業団体」（ヘーゲル『法の哲学』の第三部2章「市民社会」参照）による資格認定制度を対比した場合、つまり国家と市民社会との対抗において、後者が力を保持し続けるためには、発行する職業資格の持つ社会的信認と社会的威信を勝ち得ねばならない。ここに「出口管理」を徹底化する必然性がある。もし、そうでなければ、職業資格発行の権限は市民社会の圏域から国家の圏域に移行し、日本のように国家による統一的な試験制度が普及するのである。

市民社会は西欧出自の概念である。ブルジョワジーによる市場経済の圏域においては各種の職業団体が、職業資格を発行するために、職業訓練や職業倫理の制定をおのが任務としている。ここにも、法律と権利の関係と同じ問

題が伏在している。明治以降、近代化に努めてきた日本は、学校制度と並んで、職業資格制度についても西欧を模倣してきた。医師会や建築士協会などの、各種の職業団体という「名」が日本にも実在している。しかし、それは「名」ばかりで「実」がない。明治の変革は、下級武士層による幕藩体制の転覆であって、市民階級の勃興による市民革命ではなかった。明治の新政府は近代化にあたり、西欧の諸制度を導入したが、「中等教育修了試験」を導入することができず、その原因として、職業団体と「出口管理」というシステムの不在を挙げることができる。かくして、日本社会は「出口管理」ではなく、「入口管理」社会になった。

国家による専門職試験制度は位階制的構造を持つ。試験免除特権を持つ帝国大学と、そのような特権を付与されない「専門学校」との格差構造をつくり出す。医者、法曹、教職の三大専門職の社会的威信が高ければ高いほど、試験のための「予備校」が設立される。法律の専門学校として、中央、日本、専修、明治などの、のちに大学に格上げされる学校が、帝国大学の周辺に設置される。明治期のことである。

「選抜試験」と「資格試験」 今の高校（後期中等教育課程）を修了して大学に進学する選抜の方法として、大別して、「選抜試験」による入学制度と「資格試験」による登録入学制度の2つがある。前者は日本の「高校入試」や「大学入試」でおこなわれている制度であるから理解しやすいが、それをよりよく理解するために、後者と対比させながら考察しよう。

選抜試験を採用しているのは、アメリカ東海岸の超難関私立大学、通称「アイビーリーグ」の8大学である。他方でアメリカのほとんどの州立大学は、選抜試験を実施することなく、入学希望者に対して一定以上の高校時代の学業成績を要求する「資格試験」制度を採用している。

「資格試験」は高校の最終学年において全国一律の学力試験を実施する制度である。フランスのバカロレア試験がもっとも有名であるが、歴史的にはドイツ（プロイセン）の「アビツーア」試験の方が古い。官僚登用のための任

用試験を制度化する過程で、中等教育の整備と中等教育修了資格試験の制度化が必要であった。プロイセンでは啓蒙専制君主の下で「1788年」(天野 2006、80頁) に創設され、フランスでは大革命後の 1808 年から始まった。イギリスでは国家統制を嫌う国民性のため導入が大幅に遅れ、しかも変則的な形で 1873 年から始まった。ここでは現在、日本で行われているセンター入試との相違を明らかにするために、フランスのバカロレア試験について詳述する。

　高校を卒業しても、フランスには「高卒」という資格はない。バカロレア試験を受験し、合格点を得た者のみが高等教育への進学資格を獲得する。高校の学業を終え、高等教育に進学する能力を有するかどうかを判断するこの全国試験に合格して初めて、「バシュリエ」(バカロレア保持者) 略して「Bac」となる。バカロレアに合格したが大学に進学せずに就職した者は「Bac＋0」である。「Bac」に合格した者は、希望した大学に入学することができる。日本のように大学ごとの入学試験という制度 (「特殊」的制度) を持たないフランスは、全国すべての大学の入学試験を兼ねた試験制度 (横断的な「普遍」的制度) を実施するために、受験生も、家族も、そして大学と高校の教師も多大なエネルギーを注いでいる。

　フランスは同一世代の 61.8％ がバカロレア合格者 (『Bac』) であり、また同一世代の 41％ が高等教育に進学する。残余の約 20％ の若者は、「Bac＋0」の資格で職業世界に入る。同一世代の約 4 割は、バカロレア不受験者か不合格者であり、彼らの学位水準は「sans Bac」である。

総偏差値社会と資格試験社会　バカロレア試験で、「絶対評価」にもとづき、所定の点数 (例えば 60 点) 以上を取れば「合格」判定される。偏差値や相対評価による、上位から何番目という序列化を伴わない。合格点以上を取れば「高校卒業資格」と「大学入試資格」の双方が与えられる。授業料無料の国立大学であれば、各自、希望する大学に書類を提出すれば、入学することができる。

　バカロレア試験という全国一律の資格試験のメリットについて述べよう。

まず、自己の才能を伸ばすことができる。絶対評価による「ミニマム・スタンダード」をクリアすれば、後はひたすら受験勉強に精を出す必要がなく、自己の関心と興味に沿って、学業を深めればよいし、教養を積むことや職業訓練に従事してもよい。

　「絶対評価」であるから、学校「選択」と学校「移動」の自由があること。希望する大学に入学できても、思惑が違っていたり、途中で進路変更になった場合、別の大学や学校に移動することができること。いわゆる有名校に入学しても、1年次から「絶対評価」にもとづく厳格な成績評価が待ち受けているから、単位が取得できずに「原級」した場合、「留年」するか、他の大学に移ることになる。「資格試験」による入学制度のため、学生を受け入れた大学側の「出口管理」は厳格である。大学もまた中世以来、「職業団体」の1つとして生き残ってきたからである。とりわけ1年次から2年次への進級時点で、関門がある。次の表は、国民議会における大学予算審議の資料として公表されたフランス国立大学生の進級・原級・退学率を示している。成績評価の厳格さがうかがい知れる。

　「資格試験」方式は、いわば入学権を留保できるため、「生涯学習社会」に適合的である。日本のように、高卒直後に大学に進学する必要性はなくなる。

　これと対比するかたちで日本の「選抜入試」制度について考察してみよう。自分のところ、個別の視点にもとづく「大競争」が展開され、その結果、マクロ的には人的資源の浪費化・枯渇化の道を歩んでいるといってよい。「定員」制にもとづく相対評価により上位から何番目までが合格という選抜入試制度を上位校のすべてが実施している「学校歴」社会の現状では、「ミニマム・スタンダード」を設定することができないから、どこまでいっても受験勉強を止めることができない。これは資源の疲弊化・枯渇化を生む。絶対評価にもとづく「ミニマム・スタンダード」圏内に入れば、後は「さらに上を目指す」必要はなく、「自由時間」を自己の目的に沿って活用することができる。文学・歴史など、日本の大学生と欧米の大学生との間の教養格差は大きい。教養のないエリートなるものは概念矛盾である。

表VI-1　フランスの大学における1年から2年次への進級率（2000-2001学期）

	進級率（%）	原級率（%）	退学比率（%）	合計
法学　政治学	36.6	35.2	28.2	100
経済　経営	42.7	26.9	30.4	100
経済・社会管理（AES）	30.7	30.3	39	100
文学　芸術	47	18.9	34.1	100
言語	37.7	23.6	38.7	100
人文学　社会科学	43.3	24.5	32.2	100
材料科学	44.7	30.8	24.5	100
技術	44.7	24.3	31	100
生命科学	42.9	30.9	26.2	100
スポーツ健康学（STAPS）	50.4	31.2	18.4	100
医学	11.4	73.5	15.1	100
薬学	15.3	69.9	14.8	100
IUT	72	13.3	14.7	100
工学	77.2	19.4	3.4	100
平均	44.8	28.2	27	100

出所）Projet de loi de finances pour 2003, adopté par l'Assemblée nationale : Tome V. La prise en compte de la culture générale après le Baccalauréat
*Un an après des entrants en première année de 1er cycle en 2000-2001

　日本では、理系の一部を除けば、修士卒はいまだに社会的評価（待遇）を勝ち得ていない。大卒が最高学歴のままである。このように学歴の高度化が進展しない状況で、戦前から社会的威信を勝ち得ている私学や旧帝大を頂点とするピラミッドができ上がっている。最高学歴である大卒の中における階層化が「学校歴」化として現われている。

4．高等教育

戦後の高等教育政策　日本の高等教育政策は大学紛争がほぼ終結した1971年の中央教育審議会答申から始まる。中教審の答申「今後における学

校教育の総合的な拡充整備のための基本的施策について」(「四六答申」)までは、日本には本格的な高等教育計画は存在していなかった。

　量的拡大をとげた高等教育の地域間格差や教育研究条件等の格差是正のため、1971年答申を受け、文部省は高等教育政策の見直しに着手した。

　とりわけ高等教育政策のうち、ここで強調したいことは、日本における私学セクターの比重の大きさに鑑み、増大しつつあった私学に対する文部省の姿勢が180度転換した政策変更についてである。進学率の増加に伴い「私大セクター」急増の影響を受けて、高等教育の「質的低下」に対する危機感から着手されたのが1975年の制度変更である。1975年7月に成立した2つの教育関係法とこれに関連する政治的行政措置のうち、ここで取り上げるのは、「私立学校振興助成法」の成立と「私立学校法」の一部改正であり、他は「学校教育法」の一部改正による専修学校制度の発足である。

　アメとムチという言葉で整理されているが、文部省は私学に対して財政援助をする見返りとして、教育の質の向上を求めた。「私立学校振興助成法」の成立は、私学に対する国の財政援助について法的根拠を与えた。この法律の成立に関連する「私立学校法」の一部改正によって、①私立大学の学部・学科の設置・廃止と収容定員に関わる学則変更は、従来の届け出事項から認可事項に180度変更された。今後5年間は「特に必要があると認められる場合」を除き、私立大学の設置、学部学科の設置や収容定員の増加は認可しないものとした (私立学校法附則13)。私学全体に対する抑制的な総量規制がここに可能となった。この法律によって、従来まで野放しであった学生定員の増加や水増し入学などに重大な制限が課されることになった。

　他方で、国立大学の新増設によって大学全体の質の向上をはかる、これが1971年答申の基本路線であった。しかし、政策を具体化する段階で社会経済的環境に激震が走った。いわゆる1973年の「オイルショック」である。1956年から続いた高度成長も終わりをつげ、1974年、日本は戦後初めての「マイナス成長」を記録し、緊縮財政を余儀なくされた。国立大学の新設によるパブリック・セクターの比率を高める政策は計画倒れに終わり、国立大

学の増設政策に代わって、放送大学や専修学校という新たなカテゴリーをつくって、高等教育の中に参入させた。大都市立地の私大に対して入学定員の増加に厳しい枠をはめ、地方分散化を意図した政策は、結果として、予備校の大都市集中、浪人生の大都市集中というかたちで、さらに受験競争を激化させることとなった。総量規制によって増大し続ける大学進学需要を吸収したのは、大量の浪人生である。これによって予備校の繁栄とブランド大学の確立、さらには大学全体の総偏差値体制が成立する。

　1975 年 7 月の法改正によって、私立大学の拡張・拡大に大きな制約がはめられ、1960 年以降、エリート段階からマス段階への歩みを始めた日本の高等教育（大学と短大）進学率は、1976 年の 38.6％ をピークに、翌 1977 年から 1991 年以降、再び上昇軌道にのるまでの長期にわたり 37〜38％ の「横ばい」状態を続けた。そしてこの時期、私学抑制政策の穴を埋めたのが、専修学校である。

　1975 年 7 月に成立した高等教育に関わる法律のうち、「学校教育法」の一部改正により、「放送大学」とともに「専修学校」が「高等教育」機関の中に制度としてビルトインされた。専修学校はその後発展の一途をとげ、近年、短大を追い抜き、20％ 超にまで拡大した。

「学校教育法」の一部改正と政府介入権の強化政策　　1991 年の「大綱化」による教育課程編成の自由化＝「専門教育」と「一般教育」の単位上の「区分」廃止により、教員数については「専門」と「教養」に代わって、学部設置に必要な「別表 1 教員」と全学の収容定員数に応じた「別表 2 教員」の区分を残した（この影響は国立における教養部の解体、私学における一般教養教員の学部分属を結果としてもたらしたが、別の観点からすれば、日本における教養教育の見直しと充実、リベラル・アーツ型の大学と高度専門教育の大学院への高等教育の再編成のチャンスでもあった）。さらにその後も規制緩和の流れはとどまるところなく、2002 年 7 月 23 日には総合規制改革会議の中間報告は株式会社の教育分野への参入を求めるに至り、市場化の柱として、株式会社の参入、管理運営の集権化、

教員のパートタイマー化が加速している。これにより、日本の国公立と私立大学は「大競争」の只中に置かれ、大淘汰と大編成のプロセスの中に巻き込まれた。今後研究型大学院の育成を目指し、大学院大学を二重化し、グラデュエート・スクールとプロフェッショナル・スクール、学部は21世紀型のリベラル・アーツ教育という、アメリカ型制度の模倣に向けて動き始めた。

　1975年を1つの画期とすれば、もう1つの画期は2002年の学校教育法の一部改正である。独法化(「国立大学法人」化)と専門職大学院創設に人々の注意と関心が向けられ、急ピッチで法制度改正がなされていた2002年の暮れ、日本の高等教育システムに関わる重大な法改正がおこなわれた。それはこれまで相対的に独立していた私学セクターを文部科学省の管轄下に置くことを可能にする法案の成立である。「学校教育法の一部改正法案」である。これは、文部科学省が「認可」した第三者「評価機関」による評価を国公立だけでなく、私立大学も7年に一度受けねばならないという内容の法律である。規制緩和と民営化の潮流の根幹をなす制度が第三者機関の設置、運営であることは自明であるが、文部科学省は、「アクレディテーション」という言葉、その社会的役割の重要性に鑑みて「学校教育法」の本格的な改編や新法を立てるのではなく、「学校教育法」の第69条に第三・四項を追加するという、まことに不可解かつ条文を注視しなければ見えてこないかたちで、「アクレディテーション」の制度導入をはかった。

　2002年11月の法改正の意味はどこにあるのか。簡潔にいえば、1975年から私学に対する私学助成金の国庫支出と引き替えに私学に対するコントロール権限を手に入れた文部省は、高等教育全体に対する規制官庁として君臨し、大学の新設、学部学科の新設および改変、さらには大学院の新増設の際、既存学部に対するコントロールによる「事前審査」と許認可行政を貫いてきた。それがさらに、規制緩和と民営化の路線に符合すべく「届け出」と「事後審査」制度へと180度のシステム転換をはかったのが、2002年の法改正である。「届出制から許認可制」が1975年の改定であった。21世紀の改定は「許認可」行政から「社会的評価システム」による大競争への転換である。

5. 教育改革の見取り図

社会経済の変化と教育改革　高度成長期、＜読み・書き・そろばん＞ができ、勤勉で集団に順応する平均的日本人の形成は産業界の要請にマッチしてきた。企業内における熟練形成という日本版 OJT（On the Job Training）制度の普及・定着は、日本の戦後教育とともに相互補完的に捉える必要がある。《OJT 制度がなぜ日本に定着したか？》という設問に対しては、中等教育が一般教育を担当し、企業内教育が「専門教育」だと考えればよい。

　しかし、1980 年代中葉キャッチアップ段階を終えてから初等・中等教育に対する産業界と文部省の眼は変化した。初等・中等教育と企業内教育の「連携」を維持しつつ、《画一化・平等主義・ユニバーサル》という社会文脈から、《多様性、創造性、自由化》という社会文脈への変化のプロセスが始まる。産業構造の変化（ソフト化と IT 化）が根底にある。他方では高等教育において 1970 年代以降定着した偏差値と伝統的・銘柄大学への入学競争が初等・中等教育段階まで影響し、受験競争への対策と「ゆとり教育」や個性を伸ばす教育とが現場教師に課せられ、今日までの教育現場の荒廃と混乱をもたらしてきた。いまや成功した教育システムの「平等主義」「均質主義」が、足枷となっているのである。

　教育が社会の活力を生み出す原動力であるという認識に立つならば、1980 年以降の教育改革論議が、日本がキャッチアップ段階から次のステップに移行したことを十分に認識して、社会経済の変化に対応した教育システムの創造に向かったかどうか、問われねばならない。

消費主体から生産者としての自立支援へ　一連の教育改革論議で抜け落ちている言説は「市場経済」という枠組みである。「市場経済」の枠組みは、200〜300 年かけて西欧近代社会がつくってきた枠組みであり、「近代」の骨格である。1970 年以降の日本におけるポストモダンは「反近代」をスロー

ガンに掲げた。市場経済の枠組みは、ポストモダンの時代になって消滅したのではなく、一層市場化が進化・深化している現実を直視しなければならない。市場経済とその法的枠組みをまったく無視、軽視したポストモダンの罪は大きい。

「生産者＝消費者」が「近代」の市場経済論の枠組みである。生きていくためには、働いてカネを稼がねばならない。働いて得たカネで自分の好きなモノを買うのだという市場経済の枠組み。これに対してポストモダンは「消費者」の役割のみを重視している。「個性重視」のスローガンを是として、消費主体としての児童は、ほんの少しばかり変化した商品を購入するために、その都度、市場に現れてくる。「持つこと」における差異が「個性」の発揮であるとばかり、多様性の中の同質性が児童の中に、深く浸透している。

学校よりもマスメディアの影響を強く受けて「消費主体」として、まず自己形成する児童。この流れを「児童中心主義」の教育によって放置することは、市民階級が単なる消費者に転落したローマ帝政末期の症状に陥ることになる（なんせ、日本は資源小国だから）。

この流れを簡単に変えることができないであろう。だからこそ、「消費主体」としてある前に「生産者」としての自己形成の必要性を、国民的合意として形成し、学校だけでなく、社会のあらゆる組織の中で、生産者としての自己形成を支援する体制をつくる必要がある。アメリカでは「Job Shadowing」や父親の授業参観日ではなく、児童による父親企業参観日という制度が形成されている（勤務が比較的暇な2月が選ばれる）。

教育システムと企業システム──成績評価と昇進制度　日本では「職業的選抜」を「教育的選抜」が包摂してしまっており、いわゆる「18歳の春の一発的選抜」で、よい学校、よい会社、よい人生のトリアーデがかたちづくられるという、加熱した「学歴社会」（内実は「学校歴社会」）が形成されている。後発資本主義（D.ドーア）において、職業団体や職業資格制度が未発達のまま資本賃労働関係が「会社主義」として確立したこと、入学者選抜の

ための「試験制度」が異常に発達したこと、中等教育修了＝高等教育への「選抜」試験時点で、企業への就職戦線が終了するために、企業の方は「大卒者新規一括採用」という格差を隠蔽した平等主義的待遇（学校間格差にもかかわらず同一同額の初任給待遇）と入社後の競争を持続させる人事政策とOJTという「会社内部」における社会化過程（丸山真男のいう「タコツボ」社会）をつくり上げてきた。しかし内部労働市場や相対評価と内部昇進制度はグローバル社会に対応したものではなく、特殊日本的な制度であることはもはや明らかである。人事課主導の入社面接試験ではなく、営業職や資材管理・情報管理、人材管理など、ホワイトカラーの場合にも職種ごとの面接担当者が採用責任者となって人材発掘にあたること（大卒一括新規採用方式の廃止）、OJTが主流でなくなるにつれ、職務を明示した雇用契約を締結することが必要となる。

教育システムにおける「自動進級制度」と「相対評価」、それに学校横断的な全国学力テスト制度の不在。これら日本的「評価」制度は、企業や官庁における相対評価による人事考課や年功重視の「昇進」制度と補完的であった。創設されてまもない企業であれば、管理職ポストを補充するために外部からの調達が不可避であることは当然である。しかし何十年もの歴史を有する企業や官庁では、管理職ポストへの昇進は「内部昇進」制度を採用している。これに対して欧米では「外部調達」が幅広く見られ日本と著しく異なっているとの観察事例やアンケート調査がよく紹介されるが、この言説は正確さを欠いている。欧米においても、内部昇進制度が明瞭にビルトインされており、管理職に「空き」ができることが分かれば、内部から調達するための募集活動が展開される。人事が被雇用者の自発的同意（つまり契約行為）が必要だからであり、かつ内部昇進制度を持っていないと、従業員の活力を削ぐことになってしまうことは日本も欧米もそれほど変わらない。

日本の企業で「経理課長」のポストが空いた場合、経理業務を担当してきた経理課長補佐の中から「相対評価」によって1人選抜し「昇進」させる。他方、例えばフランスで経理課長になるためには「会計資格2級相当」の学歴と職業資格が必要である。その上の経理部長になるためには「会計資格1

級」とグランゼコール卒の学位が必要である。職種の位階制的構造においては、自動進級＝内部昇進を単純に採用することができない。「会計資格2級相当」の学位と職業資格を持たぬものは、課長昇進の公募レースに手を挙げることができない。昇進を希望するものは、生涯学習と職業訓練休暇制度を利用して、必要な学位と職業資格を取得しなければならない。

かくして、内部昇進制度にもとづいて昇進希望者を募っても、適格者がいなければ、企業は外部から調達するという次のステップに進まざるを得ない。フランスだけでなくEU諸国が学位と職業資格という「壁」を設定しているために、日本のように内部昇進比率が100％ではなく、外部調達（外部労働市場の発達）の比率が高くなるのである。

高等教育改革の試み　日本は「入口管理」（入試）のみ強化し、「出口管理」（卒業認定と学位資格付与）をおろそかにしているという、先進国ではまったく特異な教育制度を持っている。高等教育改革に関する論文のほとんどは、「入口＝難、出口＝易」の構造を「入口＝易、出口＝難」の構造に転換する必要性を強調している。ここでは現行の受験競争と学校歴社会を前提にしたいくつかの改革プランを取り上げる。

現在の「単位」制度は授業時間だけでなく予習・復習の「時間」を考慮した基準になっているが、各大学の単位制度はこの設置基準から大幅に乖離している。設置基準に準拠した授業運営と成績評価によって「単位の品質」保証をはかることがまず求められる。その上で、卒業認定と大卒の学位付与にあたり、厳格な成績評価によって学位の品質が保障され（出口管理の強化）、社会から発行される学位資格への「信認」を勝ち得ることが社会システムとして確立されるべき、第1の関門である。

18歳の大学入試ですべてが決まる単線モノレール社会において、日本では「学校歴社会」という「学歴社会」が戦前から形成され今日まで持続かつ強化されてきた。学校歴社会を前提にした改革論議では、大学横断的な学力試験が提唱され、すでに開始されている。「経済学検定試験」がマスメディ

アで大きく取り上げられてきたが、なかなか実現していない。工学や経営学の学力検定試験の実施については、学会レベルの取り組みとなって一部の大学で実現している。

　もう1つは「流動性」の向上である。①単位のポータブル化、②「入学金の廃止」と編入学の大幅緩和、③2年次進級試験（これらは既存の大学の「壁」を低くし、入学試験よりも「2年次進級」試験を重視する提言である）。

　大学進学率が50％にまで拡大し、大卒学位の価値が低下している。大学院教育の強化・充実によって大学院（修士卒）学位の社会的信認を獲得する。18歳の春の大学入試ですべてが決まるのでなく、どの大学に入っても、再度、チャレンジする機会を設ける。企業や官庁が修士卒の学位資格に対して信認を置き、相当の待遇をすることが前提であるので、従来の研究者育成型の大学院ではなく、実務者や専門職育成型の大学院の充実・強化という流れに向かうであろう。これによって18歳の大学入試の比重は下がるし、「真の学力」向上がはかられる。

　以上は日本の受験競争（入り口管理）と学校歴社会を前提にした議論である。最後に、現在進行中のEUにおける高等教育改革についてふれて、参照事例としたい。EUでは、イギリス・フランス・ドイツ・イタリアの4カ国が中心となり、1998年からEU域内の学位統合に向けて改革が継続している。モノ・カネに続いて最後の難問である「ヒト」の移動・通約可能性の探求である。EU加盟25カ国を超えて32カ国が調印した学位統合プランは、2006年の秋学期からすべての大学において、適用された（さらに新制度にもとづく最初の修士卒の学生が生まれる2010年までに、職業資格制度の統合プランが同時進行している）。

　この新制度では、大学が設置するカリキュラムが認証機関の認可を受け、1セメスター30単位の課程を置く、大卒3年、修士2年、博士3年が最低の学習年限となる。ただし、単位の蓄積と単位の流動化がはかられているために、従来のような落第原級は原則消滅する。生涯学習社会のラインに沿って計画的に単位取得し必要な学位資格を取得することが可能となる。現在日

本とアメリカでは大学4年を原則としているが、学位の高度化と大学院の充実・強化の方針が策定されれば、EU 基準がグローバル・スタンダードになる可能性が高い。

【参考文献】

浅野清　1995『ルソーの社会経済思想』時潮社
浅野清　2003「教育システム―高等教育の課題」植草益編『社会経済システムとその改革―21世紀日本のあり方を問う』NTT 出版
浅野清編著　2005『成熟社会の教育・家族・雇用システム―日仏比較の視点から』NTT 出版
天野郁夫　2004『大学改革―秩序の崩壊と再編』東京大学出版会
天野郁夫　2006『教育と選抜の社会史』筑摩書房
荒井一博　2003『教育の経済学・入門―公共心の教育はなぜ必要か』勁草書房
岩木秀夫　2004『ゆとり教育から個性浪費社会へ』ちくま新書
上野千鶴子　2002『サヨナラ、学校化社会』太郎次郎社
岡本薫　2006『日本を滅ぼす教育論議』講談社現代新書
苅谷剛彦　2002『教育改革の幻想』ちくま新書
苅谷剛彦・増田ユリヤ　2006『欲ばり過ぎるニッポンの教育』講談社現代新書
諏訪哲二　2007『なぜ勉強させるのか？』光文社新書
デューイ, J.（宮原誠一訳）1957『学校と社会』岩波文庫
藤田英典　2005『義務教育を問いなおす』ちくま新書
森有正　1976『いかに生きるか』講談社現代新書
矢野眞和　2005『大学改革の海図』玉川大学出版部

第7章

エコ・エコノミーと環境経営

1. 環境と経済

　エコノミーとエコロジー　　産業革命以来、人類は日々の経済活動を通してCO_2に代表される温室効果ガスの濃度を上昇させてきた。特に20世紀のフォーディズム発展様式は、この温室効果ガスの濃度を急上昇させる制度的要因として作用した。この発展様式を支えた大量生産・大量消費という好循環の仕組みが膨大な化石燃料の燃焼に支えられていたからである。だが他方、この仕組みは19世紀のような大恐慌と失業を一定程度解決し、人々に物質的な豊かさと安定した社会生活を保障した。経済の好循環が社会の持続可能性を保障したのである。ところが、20世紀世界が社会の経済的持続可能性において成功するにつれて、エコロジー的な持続可能性が保障されなくなってきた。エコノミーとエコロジーの乖離といい換えてもよい。いま私たちが直面しているのは、この2つの持続可能性が両立不可能な事態に追い込まれてしまったということである。

　20世紀以前、少なくとも産業革命以前の人類においては、経済的持続可能性とエコロジー的持続可能性は対立していなかった。エコノミーもエコロジーも共通にエコ eco という、今日流行の接頭語を持っている。今日では、エコマークとかエコ商品というように、日本語としても日常的に使われている。「自然に優しい」といった意味合いである。だが、このエコ eco という言葉はギリシア語のオイコス oikos に由来し、もともとそれは人々の家や居

住空間あるいは生き物の生活圏、つまり支配領域を意味する。エコノミーもエコロジーも、このオイコスに関連して生まれた言葉なのである。

このうちエコロジーという言葉は、近代になって新しくつくられた造語である。ドイツの生物学者 E. ヘッケルが 19 世紀末に、ギリシア語のオイコスと科学を表すラテン語のロゴスを結びつけて、今日でいう「生態学」を意味する用語としてつくり出した。人間も含めた生き物が暮らす生態系という広い意味での生活空間の秩序がどのようにでき上がっているか、そしてその論理はどのようなものか、そういう生活空間の秩序や論理、ないしはそれを探求する学問をヘッケルはエコロジーと呼んだ。

これに対して、エコノミーは古くから使われている。これは oikos に由来する eco と法や秩序という意味の nomos との合成語である。つまり、エコノミーとは生活圏としての「家」の秩序や法やその管理という意味である。家計をやり繰りするために、例えば家計簿をつける。それが家の管理である。そのためには無駄なものを節約するとか、限られた予算でできるだけ快適な生活をというように目的と手段の合理的関係をつくることもあるし、より広くは、共同生活する人々やともに生きる生き物や生活環境全体の秩序を維持するということもある。だから、エコノミーにはエコロジーが不可欠な要素として含まれており、両者はひとつである。切り離すことも、どちらが先にあるともいえず、渾然一体として全体を構成している。

要するに、20 世紀以前には、エコノミーとは、性・世代・階級などが異なる様々な人々やともに生きる生き物たちの共同的生活圏・生活環境全体の秩序のことであり、その秩序を維持・管理する術や手法の体系を意味していたということである。

このように、エコロジーとエコノミーは本来的に分離不可能であり、この2つの概念を切り離したり、上下関係においたり、調和させたりすることができない。2つの概念はもともと同じ事柄の2つの側面なのである。だから、「と」で関係づけることはあっても、「か」で対立するものではあり得ない。

20世紀フォーディズムの展開　　しかし、近代、特に20世紀においては、両者が分離し、「エコノミーかエコロジーか」という対立が一般化した。エコノミーとは市場における利益追求活動の意味に変質し、利益の最大化のためには何よりも効率性が優先される。そのようなエコノミーにとって自然環境や社会は外部性となる。エコロジーはエコノミーにとっての阻害要因でしかない。自然環境が資源提供の源泉、不要なものを廃棄する場である限りエコロジーはエコノミーにとって都合のよい存在だが、エコロジーがエコノミーにとって制約要因となるや、エコノミーはエコロジーに優先されるようになる。20世紀のエコノミーはそういうものだった。どうしてそうなったのか。それは20世紀世界の発展様式と密接に結びついている。

　20世紀を支えた大量生産の技術的・制度的枠組みは、機械制大工業という形ですでに19世紀に成立していたが、しかし19世紀の社会はこの膨大な生産力を受け入れる需要において制約があった。そのため19世紀にはほぼ10年周期で恐慌が勃発し、社会は失業と貧困と騒乱が蔓延し、人々の対立と闘争が激化した。そして、社会そのものが燃え尽きるという社会の持続不可能性に直面した。恐慌が経済の暴力的調整であるように、革命はそうした対立的社会の暴力的転換を意味した。このような危機を回避し、現に存在する社会を持続可能なシステムとして構築したのが20世紀の先進諸国である。

　20世紀を象徴する3つの言葉は「消費」「労働」「経済成長」である、とF. アルトはいう（アルト2003、174頁）。19世紀と異なって、「消費」はあらゆる市民に共通する基礎的経済行為となった。消費の大衆化である。大量生産は一般大衆の購買力を基礎にした大量の消費に支えられることによって、恐慌と革命という暴力的調整を必要としなくなり、社会の経済的持続可能性が制度的に保障された。この背後には、労働基本権の承認という重要な転換がある。生産性の上昇に対応した賃金引き上げという社会制度の確立である。生産性上昇に寄与する「労働」はより多くの所得という成果として還元され、それがより多くの消費という意味での生活水準の上昇に結びついた。ここに「労働」はより多くの「消費」のための手段となり、「労働と消費の拡大循環」

が動き始める。それが「成長」である。こうして、20世紀は経済成長の世紀となる。つまり「消費」と「労働」と「成長」が相互に前提し合い、相互に促進し合いつつ、20世紀社会の経済的持続可能性を保障した。これはフォーディズムの好循環といわれる。

ところが、消費と労働と経済成長の歯車がうまくかみ合い、社会の経済的持続可能性と発展が保障されればされるほど、この社会はもうひとつ別の持続不可能な事態を累積させてきた。それとともに、発展様式の背後に潜んでいたズレが表面化してきた。どういうズレか。エコノミーとエコロジーのズレである。この両者のズレが修復困難なまでに広がってきたのが、20世紀後半の特徴である。

つまり、20世紀の世界は社会を維持するために社会の基盤である環境を破壊するという矛盾を抱えたのである。この矛盾を私たちは、経済か環境かという二極対立の図式で経験してきた。だが、エコノミーとエコロジーの関係で述べたように、両者は重なっている。人間は両方の圏域に足を踏み入れて生きている。20世紀の世界はそれを見えなくさせるエコノミーを築き上げてしまった。エコノミーはエコロジーの外に自立し、それとは対立する圏域となったからである。しかし、私たちはそれらがひとつであるという事実を知らされることになる。

『沈黙の春』と「宇宙船地球号」　1962年、R. カーソンが『沈黙の春』という恐ろしいタイトルの本を出した。これは地球という有限の環境において、農薬や殺虫剤等の化学物質が食物連鎖によって生態系を破壊し、めぐりめぐって人間にも同様の破壊的影響を及ぼすということを問いかけたものである。人間と他の動植物が、この地球上でともに密接な関係を持ちながら生きている、共生している。ヘッケルがエコロジーという用語で語ったことが、切実な危機感を持って提起された。地球はあらゆる生き物の生活圏であり、ひとつの「家 oikos」をなしている。

「宇宙船地球号 Spaceship Earth」という表現がある。21世紀、私たちは

人種も異なり国境で仕切られた国を単位に生きているが、それでもひとつの地球という宇宙船に乗っている運命共同体をなしているという意味だろう。かつて共同の生活圏は「家」であったが、いまはそれが「地球」となった。宇宙船地球号という共同の生活圏の管理という意味のエコノミーと、その中での資源やエネルギーや生き物の繋がりという意味のエコロジーが、そして両者の統合が要請されている。エコノミーとエコロジーの統合である。

「宇宙船地球号」という考え方を最初に提起したのは、アメリカの経済学者 K. ボールディングである。1966 年「未来のための資源協会」に「来るべき宇宙船地球号の経済学」という論文を発表し、21 世紀の経済は宇宙船地球号の経済であり、それは 20 世紀の経済と大きく異なると指摘した。20 世紀の経済はいわば西部開拓時代のように征服可能な新たな土地と資源が無限にあることを前提にした「カウボーイ経済」である。だが、21 世紀の経済は宇宙船と同じように地球という共同の生活圏の経済となる。ここではエコロジーとエコノミーはひとつにならざるを得ない。エコ・エコノミー eco-economy である。この言葉は「環境的に持続する経済」という意味だが、文字通り経済的持続可能性と環境的持続可能性との統合である。

F. アルトは次のようにいう。

「エコロジーとは自然のエコノミーのことなのだ。エコロジーとは、母なる地球における共同生活の新しい家計簿という全く新しいエコノミーのことなのだ。私たちが本気で共同の家の保護とさらなる発展を望むなら、エコロジカルな倫理を学ばなければならない。技術だけでは私たちを救うことはできないのだ。……要するに、エコロジーとはより良い生活、よりよく生きるということなのだ」(アルト 2003、207-208 頁)。

持続可能な循環型社会へ　　1987 年「環境と開発に関する世界委員会」(ブルントラント委員会) が『われら共有の未来』を発表し、「持続可能な開発」という言葉を定義したが、この報告書は次のように述べている。

「持続可能な開発とは、将来の世代のニーズを満たす能力を損なうこと

がないような形で、現在の世代のニーズを満足させるような発展をさす」

この持続可能な開発という考え方は、先進諸国と開発途上諸国のいずれも受け入れ可能なものとして、世界的に通用するようになった。そして、1992年には「国連環境開発会議」(地球サミット)が開催され、持続可能な開発を実現するために具体的に何をなすべきかが議論され、その原則を示す「リオ宣言」と行動計画としての「アジェンダ21」が採択された。

日本でも、社会の持続可能性を基本的考えとして「循環型社会」の形成が構想されている。2002年『循環型社会白書』は「循環」という考え方の基礎を「持続可能性」に求め、循環型社会とは持続可能な社会を意味するものとして定義されている。循環型社会の形成とは、エコノミーのエコロジー化、つまりエコ・エコノミーを形成することと同じである。では、エコ・エコノミーを基礎とする循環型社会をどのようにして形成していくのか。

2. 循環型社会への3つのシナリオ

シナリオA　『循環型社会白書』は循環型社会のイメージとその社会を形成するための手法として、様々な環境技術の革新やライフスタイルの変革や環境型産業の創造などを柱とし、以下のような3つのシナリオを提起している。

　　シナリオA：技術開発型シナリオ
　　シナリオB：ライフスタイル変革型シナリオ
　　シナリオC：環境産業発展型シナリオ

まず、『循環型社会白書』が提起するこれらのシナリオの内容を考えてみよう。シナリオAの場合、循環型社会はこれまでの経済社会の延長上にある高度工業社会として想定されている。経済成長と生産性向上を目的とした投資によって生産側の技術開発を促し、循環型社会を形成するというものである。モノづくりの動脈産業が高度に発展し、それに対応した静脈物流システムを高度に展開する。廃棄物等は品目別に分別され、廃棄物発電などのサー

マルリサイクルも活発におこなわれる。いわば、大量生産・大量消費を維持し、大量リサイクルの技術開発によって循環型社会を形成するというシナリオである。経済成長こそが新たな環境技術の開発の条件であるというのが、このシナリオの前提である。

このシナリオは具体的にはどういうことを意味するだろう。恐らく、京都議定書から離脱し、20世紀型の経済成長とライフスタイルを維持しようとするアメリカがこの方向に近いといえるだろう。2003年12月12日にミラノで開かれた気候変動枠組み条約の第9回締約国会議（COP9）は京都議定書の早期発効を強く求めて閉幕したが、そこにアメリカ代表の一員として出席したP. ドブリアンスキーはこう述べている。

「温室効果ガスの排出量を減らす方法は2つだ。経済を犠牲にして既存の技術に頼るか、経済や生活の豊かさと両立できる新技術か」「後者がアメリカのやり方で、対極にある京都議定書は非現実的で囚人のように身動きがとれない」（朝日新聞 2003年12月14日）

現在のアメリカは、エコロジーとエコノミーの対立を前提とした20世紀的発展様式を温存し、それを新たな技術革新によって突破しようとしている。

シナリオBとC　このような技術中心主義がシナリオAの基調だとすれば、シナリオBはまったく新しい発展様式を前提とする。それはアメリカが非現実的と見なすライフスタイルの変革を中心としたシナリオである。『循環型社会白書』のイメージでは、生活のペースを多少スローダウンし、得られた時間で自らの家の手入れや家庭菜園などの園芸をおこない、モノを修理しつつ大事に使うという生産的消費者への変化が求められる。また、従来のような会社中心の暮らしを変えて、地域での市民活動に積極的に参加し、地産地消といったコミュニティの自律を通じて豊かさを実現しようとする。これは技術開発を期待して経済成長に励むのでなく、何よりもまず20世紀的生活スタイルの変革を目指す。

20世紀は大量生産・大量消費・大量廃棄の仕組みをつくり上げたが、こ

の場合のポイントは「消費社会」の形成にある。生産性上昇の成果の一部分を所得上昇に還元するシステムを構築することによって実現したのが消費社会である。シナリオBは、消費を美徳とするライフスタイルの変革から始めるという点で、また、消費のための労働という20世紀的働き方や暮らし方から労働時間短縮やワークシェアリングによる自由時間の享受への転換という道筋を通らなければならないという点で、生活者には忍耐と努力が要請されると、『循環型社会白書』は指摘する。だが、このようなライフスタイルの転換が生活者の忍耐や努力だけで実現できるわけではない。同時に、生産の側における企業や産業の変革が進展しなければならない。つまり、エコロジーをエコノミー化するというエコロジカルな産業の創造と企業活動のエコロジー化が不可欠である。

シナリオCは、このようなライフスタイルの変革を支えるためのエコロジカルな産業の創造である。『循環型社会白書』は環境産業発展型シナリオという。そして、このシナリオが想定する循環型社会は環境効率性が高い社会であるという。しかし、何のための環境産業発展か。それは20世紀型ライフスタイルの変革を後押しすると同時に、既存の産業のエコロジー化を支えるような発展である他ない。そうでなければ、シナリオAのように、20世紀的ライフスタイルに固執した技術開発型のシナリオと同じになる。つまり、環境技術の開発を中心とする環境産業の発展（エコロジーのビジネス化）だけでなく、農林漁業や製造業など既存の産業がエコロジー化する。このようにエコロジーのビジネス化と産業のエコロジー化の相互促進的発展によって、ライフスタイルを含めた20世紀型の発展様式を変革することが重要である。それこそが環境と経済の新たな好循環の道である。

3つのシナリオの関連　もちろん、上記3つのシナリオが相互に排除し合うものではなく、それぞれ補い合う必要があることはいうまでもない。しかし、その組み合わせの比重を考えるなら、シナリオBを根幹に置き、シナリオCがそれを支え、シナリオAの技術はそのような社会と産業の転換

過程において要請されてくるという順序になるはずである。

　F. アルトは『エコロジーだけが経済を救う』において、エコロジーとひとつになったエコノミーにおいてはエコロジーを尊重するほどエコノミーは発展するという。つまり、環境を守るほど経済が発展する。シナリオCはシナリオBとひとつになって、まったく新しいエコロジー経済を実現するシナリオになり得る。

3. 緑の資本主義の挑戦

　環境アカウンタビリティ　新しいエコロジー経済においては、「環境」がビジネスになり、重要な産業として発展するだけでなく、従来のあらゆる産業が環境調和型の産業に転換するということが必要である。

　エコロジーをビジネスにする環境産業が自立的に展開するだけでなく、あらゆる産業がエコロジー化するという過程においては、企業活動の根本的転換が要請される。企業活動は、環境と経済、エコロジーとエコノミーの対立を引き起こしたもっとも重要な要因のひとつだからである。そして、21世紀のエコロジー経済の実現においても、企業活動がはたす役割は大きい。今日、環境経営が注目されるのも、環境的に持続する経済を実現するには、企業経営のあり方が変わらなければならないからである。このような環境経営との関わりで、企業の環境アカウンタビリティが求められている。

　企業は株主や銀行などに対して、提供された資金についてその収支を説明しなければならない。それは決算書として公表される。それは企業の投資家に対して負っているもっとも重要な説明責任だが、企業が使っているのは資金だけではない。その事業活動において、多くの資源を利用している。そして、利用した資源のある部分は廃棄物として排出している。廃棄物が排出される地球環境は誰かの所有物ではなく、地球を生活圏とするすべての人々の共有物である。それゆえ、企業活動に伴う資源の利用や不要物の排出など、環境に対して及ぼす負荷について、企業には説明責任があるというのが、企

業の環境アカウンタビリティである。このように環境アカウンタビリティをはたしながら利益追求という企業目的を実現していく。それが21世紀のエコ・エコノミーにおける企業経営のあり方、環境経営である。

自然資本と緑字決算　このような企業の環境アカウンタビリティを「緑字（りょくじ）決算」という独自な決算方法で実践している企業がある。酒造業界の「宝酒造」である。「緑字」とは、貨幣資本における赤字・黒字の手法を「自然資本」に対して応用したものである。企業活動によって利益が出れば黒字、利益が出なければ赤字である。これは貨幣資本の循環である。しかし、企業は同時に地球から「自然資本」という投資を受けている。貨幣資本による企業活動は自然資本に支えられているのであり、企業は地球に対しても決算する責任がある。これが宝酒造の環境経営である。この経営方針にもとづいて、宝酒造は1997年以来、独自の「緑字決算報告書」を作成している。

　自然資本は2つある。ひとつは酒づくりに必要な穀物や水などの資源とエネルギー。もうひとつは酒づくりの過程で出てくる廃棄物の捨て場。これも資本である。だから、企業はこれら2つの自然資本の運用効率を上げることによって利益を出さなければならない。この場合の「利益」とは、自然資本

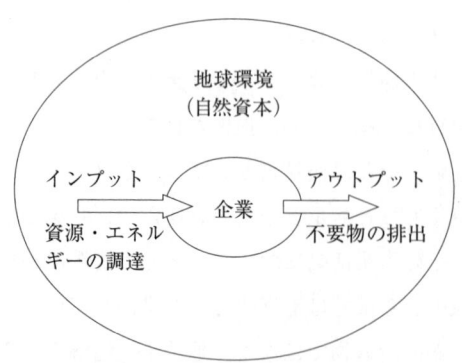

```
            地球環境
           （自然資本）
  インプット           アウトプット
          ⟶  企業  ⟶
  資源・エネ            不要物の排出
  ギーの調達
```

・企業はインプットとアウトプットの両面で地球環境に負荷を与えている
・企業活動でインプットとアウトプットが減少すれば企業の緑字決算はプラスになる

図Ⅶ-1　自然資本と企業活動

を提供した地球に対する環境保全という貢献度を意味する。この貢献度は、第1に資源やエネルギーの使用量を効率化すること、第2に廃棄物の削減によって捨て場を減らすこと、この両面から地球環境に対する負荷をどれだけ低減できたかによって計算する。貨幣資本家に対する貢献が黒字なら、地球環境に対する貢献は緑字である。こうして環境負荷削減の成果を緑字決算として表す。

環境負荷削減緑字はライフサイクル・アセスメント（LCA）を基礎にして計算されている。「TaKaRa緑字決算報告書2004」では、決算内容の全体図が「緑字決算チャート」として掲載されている。そこでは、製品設計から原料調達、生産、物流、販売・消費、営業・事務活動の各段階で14の環境負荷項目が挙げられ、これらの環境負荷項目のそれぞれに関して、1年間の環境負荷量が計算されている。

インプットを見ると、原材料調達と電力のエネルギー調達は宝酒造の売上高増加に伴って2000年度比で増加している。これは企業の収益にとっては黒字であるが、地球環境に対しては環境負荷の増加となり、改善率はマイナスである。それに対して、容器包装に使用した天然資源や燃料・用水などのエネルギーの調達量は減少しており、環境負荷の削減に貢献している。だが、これは同時に企業収益にとっても黒字の要因になる。決算報告書の解説によると、容器に関しては、容器が軽量化されたため、容器製造の資源や製造時および輸送時のエネルギーコストが削減された。また、リユースにあたるリターナブル容器の回収システムに力を入れることによって、リターナブル容器比率や回収率が上昇し、天然資源としてのガラス原料の使用量が減ることにより、リサイクルされない廃棄物を削減することを目指している。

リフューズ（発生回避）とゼロ・エミッション　宝酒造が力を入れているもうひとつ特徴的なことは「量り売り」である。宝酒造が焼酎をタンクで工場から小売店に直送し、消費者が容器を持参して詰める。この方式は資源とエネルギーを使って労働生産性を上げるという従来の経営の逆をおこなっ

緑字決算チャート

2003年度 +11

宝酒造の「緑字決算」は原料調達から生産、物流、販売・消費、営業・事務活動に至るまでのすべてのプロセスで発生する環境負荷の中から14項目を緑字決算の対象にし、その環境負荷の改善度をECO（エコ）という1つの統合指標で表したものです。

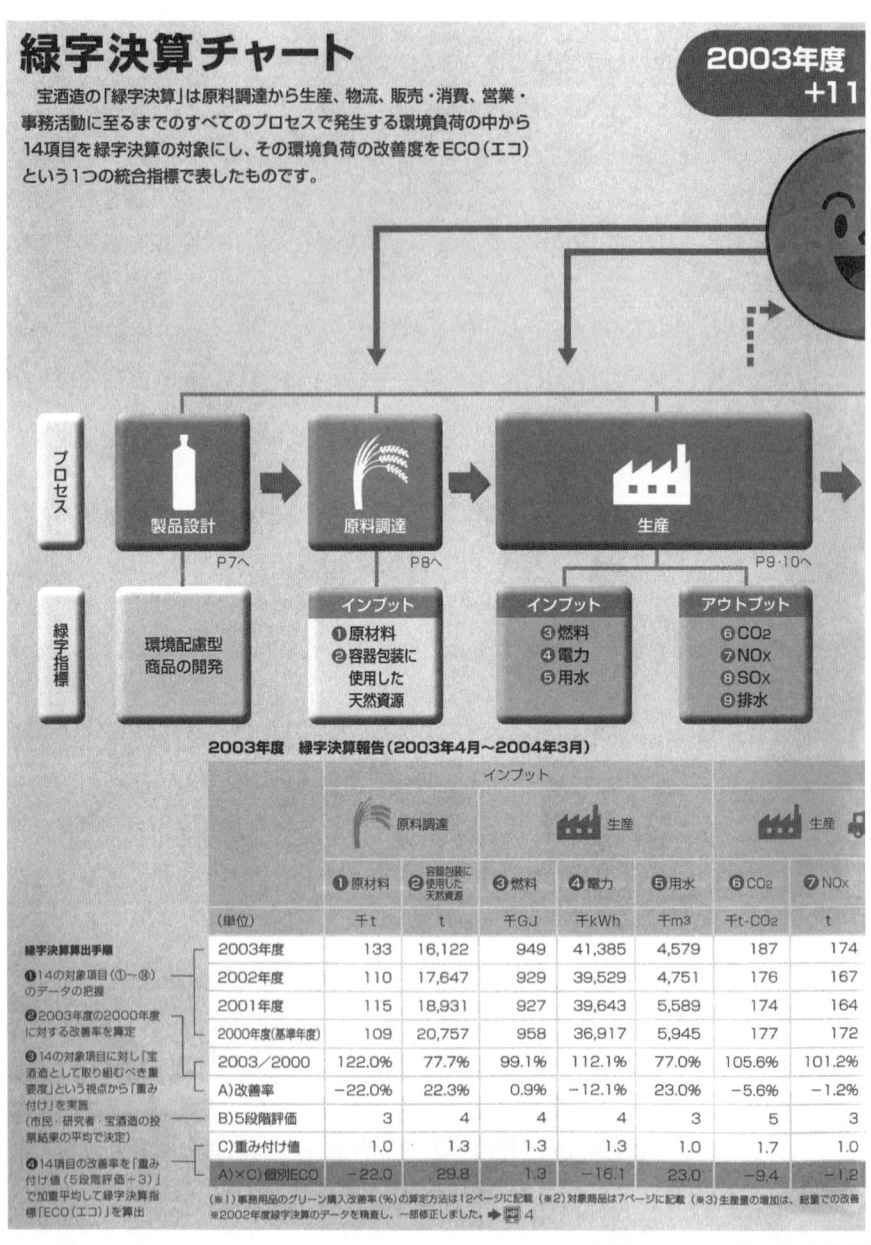

プロセス	製品設計 (P7へ)	原料調達 (P8へ)	生産 (P9・10へ)		
緑字指標	環境配慮型商品の開発	インプット ❶原材料 ❷容器包装に使用した天然資源	インプット ❸燃料 ❹電力 ❺用水	アウトプット ❻CO₂ ❼NOx ❽SOx ❾排水	

2003年度 緑字決算報告（2003年4月～2004年3月）

	インプット					生産	
	原料調達		生産				
	❶原材料	❷容器包装に使用した天然資源	❸燃料	❹電力	❺用水	❻CO₂	❼NOx
（単位）	千t	t	千GJ	千kWh	千m³	千t-CO₂	t
2003年度	133	16,122	949	41,385	4,579	187	174
2002年度	110	17,647	929	39,529	4,751	176	167
2001年度	115	18,931	927	39,643	5,589	174	164
2000年度（基準年度）	109	20,757	958	36,917	5,945	177	172
2003/2000	122.0%	77.7%	99.1%	112.1%	77.0%	105.6%	101.2%
A）改善率	−22.0	22.3	0.9	−12.1	23.0	−5.6	−1.2
B）5段階評価	3	4	4	4	3	5	3
C）重み付け値	1.0	1.3	1.3	1.3	1.0	1.7	1.0
A）×C）個別ECO	−22.0	29.8	1.3	−16.1	23.0	−9.4	−1.2

緑字決算算出手順
- ❶14の対象項目（①～⑭）のデータの把握
- ❷2003年度の2000年度に対する改善率を算定
- ❸14の対象項目に対し「宝酒造として取り組むべき重要度」という視点から「重み付け」を実施（市民・研究者・宝酒造の投票結果の平均で決定）
- ❹14項目の改善率を「重み付け値（5段階評価÷3）」で加重平均して緑字決算指標「ECO（エコ）」を算出

（※1）事務用品のグリーン購入改善率（%）の算定方法は12ページに記載（※2）対象商品は7ページに記載（※3）生産量の増加は、総量での改善
※2002年度緑字決算のデータを精査し、一部修正しました。→ 図 4

図Ⅶ-2　宝酒造の緑字決算

出所）「TaKaRa 緑字決算報告書 2004」4−5頁。

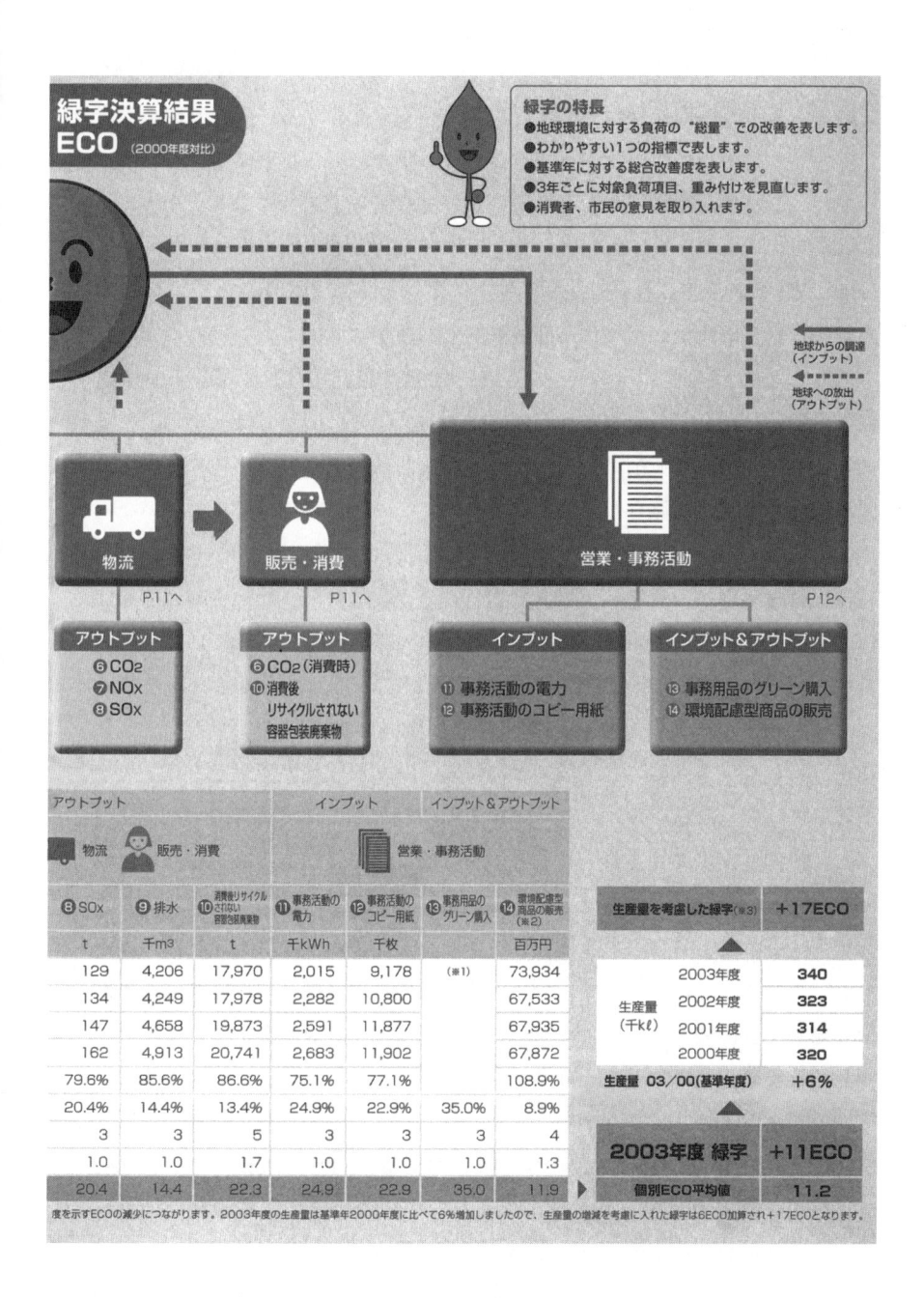

緑字決算結果 ECO (2000年度対比)

緑字の特長
- 地球環境に対する負荷の"総量"での改善を表します。
- わかりやすい1つの指標で表します。
- 基準年に対する総合改善度を表します。
- 3年ごとに対象負荷項目、重み付けを見直します。
- 消費者、市民の意見を取り入れます。

地球からの調達（インプット）
地球への放出（アウトプット）

物流
アウトプット
- ⑥ CO₂
- ⑦ NOx
- ⑧ SOx

販売・消費
アウトプット
- ⑨ CO₂(消費時)
- ⑩ 消費後リサイクルされない容器包装廃棄物

営業・事務活動
インプット
- ⑪ 事務活動の電力
- ⑫ 事務活動のコピー用紙

インプット＆アウトプット
- ⑬ 事務用品のグリーン購入
- ⑭ 環境配慮型商品の販売

	アウトプット			インプット		インプット＆アウトプット	
	物流	販売・消費		営業・事務活動			
	⑧ SOx	⑨ 排水	⑩ 消費後リサイクルされない容器包装廃棄物	⑪ 事務活動の電力	⑫ 事務活動のコピー用紙	⑬ 事務用品のグリーン購入	⑭ 環境配慮型商品の販売 (※2)
	t	千m³	t	千kWh	千枚		百万円
	129	4,206	17,970	2,015	9,178	(※1)	73,934
	134	4,249	17,978	2,282	10,800		67,533
	147	4,658	19,873	2,591	11,877		67,935
	162	4,913	20,741	2,683	11,902		67,872
	79.6%	85.6%	86.6%	75.1%	77.1%		108.9%
	20.4%	14.4%	13.4%	24.9%	22.9%	35.0%	8.9%
	3	3	5	3	3	3	4
	1.0	1.0	1.7	1.0	1.0	1.0	1.3
	20.4	14.4	22.3	24.9	22.9	35.0	11.9

生産量を考慮した緑字 (※3) ＋17ECO

生産量 (千kℓ)		
2003年度	340
2002年度	323
2001年度	314
2000年度	320

生産量 03/00(基準年度) ＋6%

2003年度 緑字 ＋11ECO

個別ECO平均値 11.2

度を示すECOの減少につながります。2003年度の生産量は基準年2000年度に比べて6%増加しましたので、生産量の増減を考慮に入れた緑字は6ECO加算され＋17ECOとなります。

第7章　エコ・エコノミーと環境経営

ている。人手と手間をかけて資源とエネルギーを節約する。消費者が必要としているのは中身の焼酎であって、びんは不要物である。不要なびんはつくらない。これは同時に廃棄物となるびんの量も減らすことになる。リデュース（減量化）、リユース（再使用）、リサイクル（再資源化）の前に、リフューズ（発生回避）であり、これが資源生産性を向上させることになるという姿勢である。これらの政策が環境負荷削減の向上に繋がっている。

　他方、アウトプットでは CO_2 の排出が 2000 年度比で増加している。解説によると、これも売り上げ増加が原因である。CO_2 に関しては、企業の収益増加と地球環境の負荷削減は依然として相反関係にある。その他の排出物に関しては、大幅に削減されている。さらに、この決算書には登場していないが、1997 年に緑字決算が始まったときには「⑩消費後リサイクルされない容器包装廃棄物」の隣に「工場廃棄物」という項目があった。その大部分は焼酎を製造した後の蒸留廃液だが、それはかつて海洋投棄されていた。その量は 1997 年で年間 1 万 6462 t になっていたが、1998 年からはセメント原料として利用することになり、2000 年には工場廃棄物のゼロ・エミッション化が実現した。これはコスト削減と同時に、新たな収益の源泉となる。

　このように、製品のライフサイクル全体にわたって環境負荷の項目を洗い出し、物量単位で計算する。これらの項目は単位が異なるため、相互に比較できないが、各項目の改善率をパーセンテージで表示することによって共通化する。そして、各項目に重みづけをする。この重みづけは市民社会の提言を受けて 3 年ごとに見直しているが、それは地球環境保全に関して宝酒造が取り組むべき優先度を表している。この重みづけを考慮した上で、すべての項目の改善率を「エコ」という共通の単位で表示し、最終的に企業全体の緑字決算が示される。

　2000 年を基準年とした緑字の年々の推移では、2001 年度が 3 エコ、2002 年度は 10 エコ、2003 年度は 11 エコとなっている。自然資本の利用効率が上昇し、環境負荷の削減が進んでいることが数字で見て取れる。

　このような緑字決算の試みは、企業における環境経営の意味を考える上で

きわめて重要である。現在、多くの企業が環境経営の重要性を受け入れつつある。しかし、その場合でも「環境」をビジネスの種にしている環境産業分野の企業で重視される程度である。また一般の企業においても企業の本来業務と環境保全業務の2つを分けて、環境保全業務は企業経営の特別な活動とされる。さらに、環境問題に積極的に取り組んでいる企業においても、従業員の多くにとって「環境部」という特別の専門部署と見なされる場合が多い。だが、緑字決算は、損益の決算書が企業全体の成績を示すのと同じ意味で、企業活動と環境との全体的な関わりを明確にし、環境経営が企業の持続可能性にとって生命線であることを多様なステークホルダーに示す試みとして重要である。それはエコ・エコノミー時代における企業の環境アカウンタビリティの重要な手法である。

4. 環境産業の創造

マテリアルフローコスト会計　ところで、緑字決算は企業活動における環境負荷削減と企業収益増加がどの項目で両立し、どの項目で対立するかを発見する手がかりとしても重要である。地球環境保全や環境アカウンタビリティが企業の社会的責任といっても、やはりそれが企業の利益追求と対立するままでは先に進まない。しかし、F. アルトがエコロジーを尊重するほどエコノミーは発展すると展望したように、環境に配慮するほど経営利益が向上するというのが環境経営の積極的意味である。この点で、今日注目されているマテリアルフローコスト会計は環境経営の積極的意味を実現する重要な手法といえる。

マテリアルフローコスト会計は環境保全とコスト削減の両立を目指し、利益増進に結びつける環境管理会計の手法である。環境保護に積極的なドイツで誕生した。日本でも経済産業省が2000〜2001年度に環境会計の委託プロジェクトを組織し、日東電工、田辺製薬、タキロン、キヤノンで導入実験がおこなわれている。

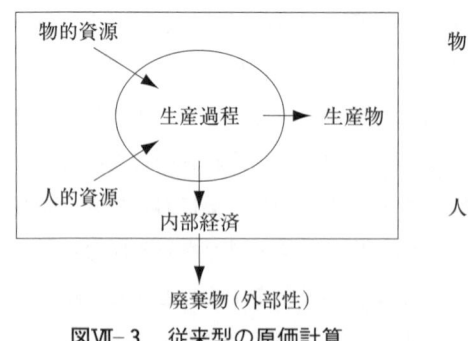

図Ⅶ-3　従来型の原価計算

図Ⅶ-4　環境型の原価計算

　マテリアルフローコスト会計は原価計算の一種だが、次の2つの点でこれまでの原価計算とは異なる。第1に、従来の原価計算は製品原価を価値の集合体として計算するのに対して、マテリアルフローコスト会計は価値計算でなく材料の集合として製品原価を計算する。具体的には、製造ラインや工場や企業内での個々の原材料のフローを物量レベルで記録し、でき上がった製品をそれぞれの原材料がどれだけ構成しているかを把握して、製品原価を計算する。第2に、マテリアルフローコスト会計の場合、製品には商品になる良品だけでなく、不良品とその他の廃棄物も製品として計算される。生産過程で良品(「正の製品」)を構成しないで廃棄物になった原材料部分を特定し、それを「負の製品」を構成する製造原価として計算するのである。この計算手法では、原価の低減は正の製品だけでなく、負の製品原価(廃棄物になった原材料部分)の削減も意味することになる。つまり、原価低減による利益増加と環境負荷の削減による環境保全が同時に達成される。

　キヤノンの実例　　参考までに、キヤノンの「キヤノン　サステナビリティ報告書2005」からマテリアルフローコスト会計の概念図を以下に引用しておく。
　概念図に見られるように、一般の原価計算では製品原価は1600円で、しかも廃棄物20 kg分の処理費用を要していたが、マテリアルフローコスト会

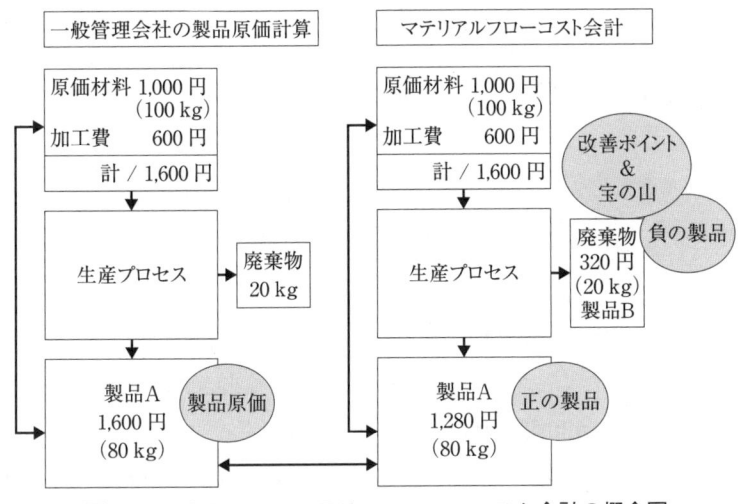

図Ⅶ-5 キヤノンのマテリアルフローコスト会計の概念図
出所) http://cweb.canon.jp/ecology/solution/mfca.html をもとに作成。

計では商品になる正の製造原価が1280円に低減し、しかもそれが従来は廃棄物となった負の製品320円分を削減した結果である。

この概念図を、キヤノンのカメラレンズ加工工場における実践例で考えてみよう（朝日新聞2004年1月10日）。

生産される製品には商品になる「良品」だけでなく、必ず「不良品」も出てくる。だから不良品の発生を少なくすることは加工工程では重要なテーマだが、これまで不良品の発生率は2％だったため、これが損失として計算されていた。金額では月に約52万円になるという。不良品は必ず出るものとして計上されているので、本来これは生産過程で必ず生産される廃棄物と同じ意味である。これで考えると、不良品1％の損失は26万円だから、例えば20万円の費用をかけて「不良品」を2％から1％に削減できたとしたら、単純計算で6万円の利益となる。つまり、不良品の削減がコスト削減となって、利益増加に結びつく。このような不良品の改善は、これまでも一般的におこなわれていた。

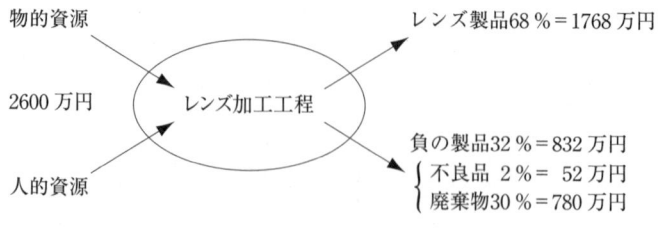

```
       物的資源                  レンズ製品68％＝1768万円
           ＼                  ↗
   2600万円 → （レンズ加工工程）
           ↗                  ↘  負の製品32％＝ 832万円
       人的資源                    ｛不良品  2％＝  52万円
                                  ｛廃棄物 30％＝ 780万円
```

図Ⅶ-6　キヤノンのカメラレンズ工場

　ところが、マテリアルフローコスト会計による原価計算では、これまでの「不良品」だけでなく、様々な隠された廃棄物が検出され、その結果、図Ⅶ-6のようなコストが計算された。

　つまり、マテリアルフローコストの会計では、2600万円の物的・人的資源が投入され、その投入資源のうち「正の製品」には68％にあたる1768万円が使われたにすぎない。残りの32％にあたる832万円は「不良品」と「廃棄物」を含む「負の製品」の生産に使われたことになる。しかも、この廃棄物780万円のうち、約50％（約400万円）がレンズの削りカスにあるといわれる。膨大な量の削りカスがゴミの量を増やしていたわけである。だから、「負の製品」の生産に使われた資源は浪費されただけでなく、それだけ環境負荷を高めるのに使われたことになる。

　逆に、「負の製品」を減らすことができれば、投入コストも削減されると同時に、投入コストの中で「正の製品」に結晶する部分の比率も増加し、企業利益の増加に結びつく可能性がある。そして、これは環境負荷の低減にも繋がる。

　コンベアー方式からセル方式へ　このようにマテリアルフローコスト会計では、企業利益の増加と環境負荷の低減を同時に達成する可能性が出てくるが、そのコスト計算ためには企業活動における物的資源と人的資源のフローに関する多くの情報が不可欠である。例えば、加工工程に投入される原材料が正の製品と負の製品をどのように物質的に構成しているか、加工に要

した労働・エネルギー・機械設備などの加工費を製品とどのように関連づけるかなどの情報、さらに廃棄物の量とその処理に要するエネルギーや労働の費用についての情報などである。これらは資源生産性の向上と環境負荷の削減の情報として役立つと同時に、企業収益増加の情報としても利用可能である。

マテリアルフローコスト会計は、環境会計という特定領域での生産技術であるが、企業活動における利益軸と環境軸の統合を目指す同様の発想は、環境経営全体に広がっている。例えば、生産工程も環境経営の視点で大きく変化している。

生産工程は20世紀の100年間、大量生産の生産技術としてフォード以来のベルトコンベアー方式が支配的だった。しかし、今日では、コンベアーを撤去した「コンベアーレス生産」が大きな潮流になっている。組み立てラインの前に多くの作業者が並んで作業をするのではなく、1人の作業者が多くの行程を受け持ち、仕上げまで組み立てていくセル方式である。当初、これは需要の変化に素早く対応するための生産手法としてつくられたが、それは画一的大量生産の無駄を排除する手法として威力を発揮した。コンベアーによる大量生産は大量の仕掛品を生み出し、売れるかどうかわからない製品をつくり続けることになる。そこに発生する膨大な無駄は資源エネルギーと労力の無駄を生み出す。だが、セル方式は注文に応じて生産することが可能である。セル単位で生産のパターンを複数用意しておき、週ごとに生産を変える。需要の変化に対応できる自由度の高い生産方式である。その結果、無駄な在庫によるコストが削減され、資源とエネルギーの投入量と不要なCO_2排出量も大きく削減される。それだけでない。従来は組み立て工場の消費電力は膨大であったが、今では組み立て工程のエネルギーは太陽光発電でまかなえるようになっている。このようなセル方式は、キヤノン、ソニー、NECなどの企業でも相次いで導入され、成果を上げている。

循環型企業関係による環境産業の創造　　利益軸と環境軸の統合を目指す

環境経営は、さらに生産工程を超えて、製品開発から生産・物流・販売・事務・管理のあらゆる分野を貫く経営として浸透しつつある。そして、環境保全と利益増加の同時達成を目標に掲げ、実際にそれを実現している事例は出てきている。

　リコーグループは事務機器や情報機器の開発・生産から販売・サービスにいたる経営のあらゆる局面に環境保全の視点を取り入れている。そして、企業活動の環境負荷を地球の再生能力の範囲内にとどめることを最終目標に掲げ、例えばCO_2排出量を1990年度比で10%削減し、またすべての事業所での再資源化率100%を達成しながら、しかもなお年間売上高と純利益を増加させている。

　リコーの環境経営の基礎にあるのは、「コメットサークル」という独自なコンセプトである。図Ⅶ-7のように、グループ全体と関連企業を巻き込んだ循環型事業展開である。原料供給から生産・販売を経由してユーザーに向かうモノの流れとユーザーから製品回収をする複数のリサイクルのループで循環経路を表している。ループの内側にいくほど資源が無駄なく循環するが、外側にいくほど回収困難な課題が提起され、さらに高いレベルでのリサイク

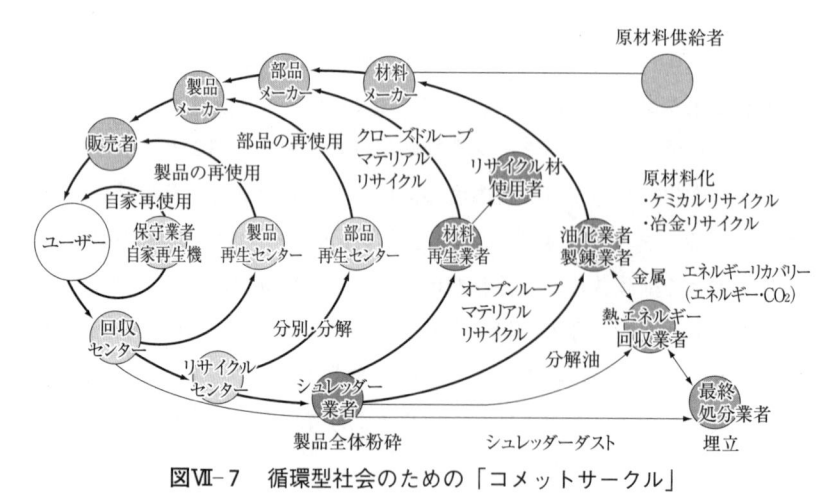

図Ⅶ-7　循環型社会のための「コメットサークル」

出所）http://www.ricoh.co.jp/ecology/management/concept.html

ルを目標にして環境経営を推し進める。

環境経営と市民社会　このように企業活動における利益軸と環境軸は両立するだけでなく、相互に促進し合う関係ができつつある。ここでは、環境経営をめぐる企業活動の新しい方向性に限定して検討してきた。しかし、それが20世紀のフォーディズム的発展様式を超える新たな発展様式を生み出すかどうかは、可能性の範囲でしかない。企業活動と環境の両立からさらに進んで、企業活動を地球環境の再生能力の範囲内にとどめるという試みは、リコーなどの企業理念として登場しているが、それが企業社会の普遍的理念になるには、市民社会の様々な活動との協働なしに不可能だからである。

　今日、企業の環境経営に対しては、投資家、取引先、消費者、市民、行政など企業の利害関係者からの外部評価の傾向が強まっている。投資についてはまだ少数ではあるが、企業の環境経営の内容を考慮するケースが増えている。環境面からの社会的責任投資の流れである。同様のことは、銀行が融資先を選択する際にも、環境面でのチェックがポイントになってきた。例えば、日本の銀行は従来から土地を担保にして資金を融資する土地本位制を取ってきたが、土壌汚染の防止が環境経営の内容になるからである。また取引先を選ぶ場合にも、環境対策の現状を判断基準に含める動きも出ている。例えば、家電・自動車などのメーカーや自治体の中には、取引先にISO14001の取得やグリーン調達原則を求めるケースが増えている。そして、消費者が商品を選択する場合にも、環境経営を問う傾向が出てきた。このように、企業経営やその製品ついて環境の視点から評価する動きが広がりつつある。環境経営の背後には、このような市場を越えた市民社会の企業活動に対する視点の変化がある。そして、これが経済活動のルールとして、また政策として確立していくなら、20世紀のフォーディズム的発展を克服するエコ・エコノミーの実現に繋がる可能性がある。

【参考文献】

アルト，F.（村上敦訳）　2003『エコロジーだけが経済を救う』洋泉社
環境省　2002『環境会計ガイドブック』環境省
環境省　2003『循環型社会白書』環境省
環境省　2004『環境と経済の好循環ビジョン』環境省
環境と開発に関する世界委員会編　1987『地球の未来を守るために』福武書店
キヤノン株式会社　2005「キヤノン　サステナビリティ報告書2005」
倉阪秀史　2002『環境を守るほど経済は発展する―ゴミを出さずにサービスを売る経済学』朝日新聞社
宝酒造株式会社　2004「TaKaRa緑字決算報告書2004」
ボールディング，K. E.（長尾史郎訳）　1980『地球社会はどこへ行く（上）（下）』講談社学術文庫

おわりに

　21世紀もすでに6年が過ぎた。多くの人々が希望多き新しい世紀を願ったにもかかわらず、それは9.11テロ（2001年）とそれ以降のイラク戦争に見られるように大きな混乱から始まり、国際的な安全保障が脅かされている。にもかかわらず、アメリカ主導の安全保障が先行し、真の国際的な対応がいまだ不十分である。また、いわゆる「人間の安全保障」も、いま脅かされている。開発途上国の貧困等に関する国連のミレニアム目標の達成はいまのままではおぼつかない。それどころか、先進諸国といわれてきた国々でも貧困という概念があらためて蘇っている。EU諸国では21世紀に入ってもいまだ失業率が高止まりし、特に青年層のそれは深刻だ。イミグラント（移住外国人）は、様々な差別の中で貧困にあえいでいる。そうした層が、社会から排除されている。社会の中で人間らしく尊厳を持って、安心・安全に生きる自由、そうした「人間の安全保障」が先進諸国でも、発展途上国でも世界全体として脅かされているのである。つけ加えれば、いわゆる＜自然の安全保障＞もまた大きく脅かされつつある。

　日本においても、同様だ。「所得格差」という言葉は、すっかり社会の中に定着した。それは、もはや否定できない現実だ。「お金をもうけて悪いですか」と堂々と発言する新興の金持ちがいる一方で、生活保護世帯が年々増加し、いまでは100万世帯を超えている。しかもなお、福祉予算を何とか切り詰めようとする政府。何かが、おかしいのではないか。こうした中で、「人々の絆」が弱くなっている。それが、様々な社会病理現象を社会にもたらしている。

　21世紀、あらためてどのような社会を構造すべきなのか、私たちにはいまそのことが問われている。社会は、人々がつくり出すものであるし、またつくり出せるものである。本書の著者一同はそう確信している。しかし、どのような立場に立ってそれをつくり出すのか、それが問題だ。本稿は、「市

民のための社会」をつくることが必要だと主張する。それは、いい換えれば人々の絆が強く結ばれ、安心・安全な「人間の顔をした持続可能な社会」をつくることでもある。そのためには、どんな経済的・社会的な枠組みが必要なのか、それを問うのが「社会経済学」だといってよい。本書では、そうした枠組みの一端を提示した。もとよりすべての課題を提示できたわけではない。しかし、何らかの問題提起はできたかと考える。

　本書はできる限り多くの学生・市民に読んでもらうために読みやすいように工夫した。参考文献も手に入りやすいものに限定した。最後まで読んでいただければ幸いである。なお、本書を出版するにあたって八千代出版の森口恵美子さんには大変お世話になった。記して感謝するものである。

　　　2007 年 2 月　　　　　　　　　　　　　　　　　　　　篠 田 武 司

索　引

■ア　行

IMF　22
遊び　13
アナン，K. A　7
アメリカ連邦準備制度理事会（FRB）　4
アリストテレス　24
アルト，F.　145
安心社会　66, 70
イデオロギーの終焉　3
移民　8
イラク戦争　14
ヴェーバー，M.　75-7
宇宙船地球号　2
エイズ　21
エコ・エコノミー　147
エコノミー　144
エコロジー　144
エスピン-アンデルセン，G.　101
NPO　19-20, 68, 112, 115-6
エミール　124
M字型カーブ　55
援助　21-2
オイコス　143
オイルダラー　3
欧州共同市場　2
OJT　137, 139
オフショア・センター　4
オフショア市場　3
オフショア資本　3
オルテガ，J.　124

■カ　行

カーソン，R.　146
カーター，J.　3
外国人労働者　7-8
会社主義　104, 106, 120, 138
皆保険・皆年金　100
カイヨワ，R.　13

格差　91, 105-7, 109-10, 112-3
　——社会　62
　企業間——　105
　所得——　58
貸し渋り・貸し剥し　36
過少雇用　53, 56
家族手当　104-6, 109-10
活性化政策　65
活力ある社会　49, 64, 66
株主重視型　111
貨幣　17
環境
　——アカウンタビリティ　151
　——経営　152
完全雇用　65
完全就業　65
企業特殊性原理　105-7
気候変動に関する政府間パネル（IPCC）
　　　　　　　　　　　　　　　　　9
寄付金控除税制　115
教育　102, 114
狂牛病　15
京都議定書　10, 15, 73
拠出金の労使折半負担　98
勤労主義　49, 68-9
クリントン，B.　14
グローバル・ヴィレッジ　3, 23
グローバル・エコノミー　4, 20-1
グローバル・ポリティーク　5, 20-1
グローバル・マネー　5
グローバル化（グローバリゼーション）
　　　　　　　　　　　　　2-3, 111
ゲイツ財団　22
ケインズ，J. M.　16
ケネディ，J. F.　3, 14
合計特殊出生率　100, 111
後発発展途上国（LDC）　7
幸福主義（エウデモニア）　24
国際決済銀行（BIS）　5

国際自然保護連合（IUCN）　9
国際難民　7
国民皆保険・皆年金　101
国連　6
　　——開発計画　7
　　——食糧農業機関（FAO）　9
　　——平和維持活動（PKO）　6
個人主義　128
国家　5
コミュニティ・バンク　41
雇用の柔軟化　51
雇用の多様化　51
コント，A.　75

■サ 行

サッチャー，M.　2-3
CO_2 排出量規制　9
資格試験　130-2
市場　21-2
　　——原理主義　3, 18-9
自生的な秩序　109
自然資本　152
持続可能な開発　147
自動進級制度　120-2
児童中心主義　120, 123-26, 138
ジニ係数　58-60
市民　ⅱ, 126
　　——社会　17-8, 20, 129
　　——所得　69
社会化　126
社会結束　61
社会的弱者　64
社会的セーフティ・ネット　12
社会的排除　61, 64
社会的リスク　97
社会保険　97-8, 101-2, 111
社会保障　95, 105-7, 114
従前所得　104, 112
住宅手当　104, 107
集団主義　122, 127-8
修得主義　121
自由貿易協定（FTA）　1

就労支援政策　67
循環型社会　148
消極教育　124
少子化　62
消費社会　78, 90, 150
消費者
　　——教育　84-5, 93
　　——主権　81-4
消費主体　123, 125, 137-8
職域　98-9, 102
職業資格　129-30, 139-40
職業団体　98, 129-30, 132, 138
新自由主義　89
砂時計型社会　11
スペンサー，H.　75
スミス，A.　12, 75
生産者　137-8
成長の限界　9
世界銀行　22
世界政府　5, 13
世界貿易機関（WTO）　1, 19, 22
世代間連帯　97, 100
絶対的貧困　58
絶対評価　121-4, 131-2
折半支出　106
ゼロ・エミッション　153
戦後福祉国家　51, 61
専修学校　135
相対的貧困　58
相対評価　120, 122-3, 139

■タ 行

タックス・ヘイヴン　4, 15, 89
たった１つの地球　2
短時間雇用　51
男性稼ぎ手モデル　48
男性の育児休業制度　127
地域再生　36-7, 42
知育・徳育・体育　119, 121-2, 128
知識基盤型経済　50, 68
長時間労働　57
チョムスキー，N.　19

168

TINA　19
帝国　14
出口管理　129-30, 132, 140
デューイ, J.　124
デュルケム, E.　24
デリバティブ　5
トクヴィル, A.　17

■ナ 行

ナイ, J.　14
内部昇進　139-40
ナショナル・ミニマム　96, 99
ニート　55, 105, 107, 113
日本的経営　51, 87-8
ニュー・ディール政策　78

■ハ 行

ハーヴェイ, D.　81
バーチャル　23
　——リアリティ（人工現実感）　23
パートタイム雇用　52
バカロレア試験　130-1
覇権大国　13
バブル経済　33
　——の崩壊　34, 50
班活動　120, 122, 128
非自発的パートタイム雇用　53
ビスマルク　98-9
非正規雇用　51
平等　66, 108, 110, 119, 139
フェアトレード　20
フォースター, E. M.　i
フォーディズム　78-81, 85, 87, 91, 146
　——の危機　50
賦課方式　97, 99-100, 112
福祉　95
　——から就労へ　65
　——国家　95, 101-3, 113
　——サービス　95
扶助　97
ブッシュ, G. W.（子）　6, 15
ブッシュ, G. H. W.（父）　6

フリーター　60, 91, 105, 107, 113
ブレジンスキー, Z.　3
ブレトンウッズ体制　4
ヘーゲル, G. W. L　129
ベバリッジ, W.　99, 110
ベバリッジ報告　98
ベンディゴ・バンキング・モデル　41
ベンディゴ・バンク　41
包含社会　64, 67
ボールディング, K.　2, 147
ポストモダン　137-8

■マ 行

マクドナルド化社会　89
マクルーハン, H. M.　3, 23
マテリアルフローコスト会計　157
マネー　21
マルクス, K.　75
マレニー　36
　——・クレジットユニオン　37
ミーンズテスト　96-7
見えない社会保障　104-5
名目的　12, 24
毛利衛　1
森有正　126

■ヤ 行

ユーウェン, S.　76, 80, 86
ユーロダラー　3-4

■ラ 行

落第　121
リースマン, D.　81
リカード, D.　75
リスクマネー　43
リテラシー　ii
リフューズ（発生回避）　153
緑字決算　152
ルソー, J.-J.　124, 126
レーガン, R.　2-3
労働市場弱者　56, 63
労働の二極化　56

索　引　169

労働力の女性化　54

■ワ　行

ワーク・ライフ・バランス　55, 66, 70
ワークフェア　112-3
湾岸戦争　14

執筆者紹介 （執筆順）

佐藤　滋正（さとう・しげまさ）
生　　年：1947 年
最終学歴：名古屋大学大学院経済学研究科博士課程満期退学
現　　職：尾道大学教授
主要著書：『リカードウ価格論の研究』（単著・八千代出版・2006 年）
　　　　　『「土地」と「地代」の経済学的研究』（単著・時潮社・1998 年）
執筆分担：1 章

佐藤　俊幸（さとう・としゆき）
生　　年：1963 年
最終学歴：東北大学大学院経済学研究科博士課程修了
現　　職：岐阜経済大学教授
主要著書：『コミュニティ金融と地域通貨』（単著・新評論・2005 年）
　　　　　『バブル経済の発生と展開』（単著・新評論・2002 年）
執筆分担：2 章

篠田　武司（しのだ・たけし）
生　　年：1945 年
最終学歴：名古屋大学大学院経済学研究科博士課程満期退学
現　　職：立命館大学教授
主要著書：『スウェーデンの労働と産業』（編著・学文社・2001 年）
　　　　　『資本主義国家の未来』（共訳・御茶の水書房・2005 年）
執筆分担：3 章

堀田　泉（ほった・いずみ）
生　　年：1949 年
最終学歴：名古屋大学大学院経済学研究科博士課程満期退学
現　　職：近畿大学教授
主要著書：『モダニティにおける都市と市民』（単著・御茶の水書房・2002 年）
　　　　　『21 世紀社会の視軸と描像』（編著・御茶の水書房・2004 年）
執筆分担：4 章

浅野　清（あさの・きよし）
生　　年：1947 年
最終学歴：名古屋大学大学院経済学研究科博士課程満期退学
現　　職：東洋大学教授
主要著書：『成熟社会の教育・家族・雇用システム』（編著・NTT 出版・2005 年）
　　　　　『ルソーの社会経済思想』（単著・時潮社・1995 年）
執筆分担：5 章・6 章

佐々木政憲（ささき・まさのり）
生　　年：1947 年
最終学歴：名古屋大学大学院経済学研究科博士課程満期退学
現　　職：稚内北星学園大学教授
主要著書：『オルタナティブ・ソサエティ』（単著・現代企画室・2003 年）
　　　　　『裸になったサラリーマン』（単著・現代企画室・1997 年）
執筆分担：7 章

市民の社会経済学

2007年4月10日　第1版1刷発行
2008年3月14日　第1版2刷発行

著　者　── 佐藤滋正・佐藤俊幸・篠田武司
　　　　　　　堀田　泉・浅野　清・佐々木政憲
発行者　── 大　野　俊　郎
印刷所　── 神　谷　印　刷
製本所　── グリーン製本
発行所　── 八千代出版株式会社

〒101-0061　東京都千代田区三崎町2-2-13
TEL　03-3262-0420
FAX　03-3237-0723
振替　00190-4-168060

＊定価はカバーに表示してあります。
＊落丁・乱丁本はお取替えいたします。

ISBN 978-4-8429-1418-3　　Ⓒ 2007 Printed in Japan